與世界一起變好

北醫大實踐SDGs的故事

陳慧玲、林惠君、邵冰如、彭漣漪——著

CONTENTS [目錄]

序
為服務世界做最好的準備 張文昌 004
從利他角度思考教育本質 李祖德 006
SDGs，我們永遠的承諾 林建煌 008

01 為生活創造意義，為世界創造價值 010
02 與世界一起走得更遠 028
03 為他人創造機會，自己也能登峰造極 060
04 掌握數據力，才有影響力 080
05 幫地球恢復應有的風采 098

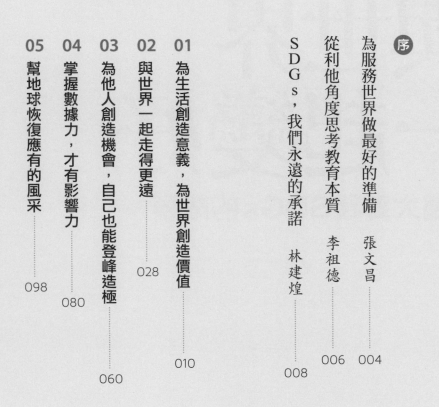

06 有些事，就是要年輕的你去做 118
07 用飲食串連過去與未來 140
08 問題愈大，愈要從現在開始做 164
09 他的人生，我們一起翻轉 184
10 抵達終點比贏在起跑點更重要 204
結語 你的雙手決定你的命運 224

序 為服務世界做最好的準備

臺北醫學大學董事長．張文昌

當全球各大學紛紛邁開聯合國永續發展目標（Sustainable Development Goals SDGs）的步伐，臺北醫學大學，身為醫學高等教育機構，除了在二〇二一年七月發表《二〇二〇年社會責任報告書》外，更出版了《與世界一起變好：北醫大實踐SDGs的故事》一書，凸顯北醫大關注全球永續發展、擴大社會影響力的決心。

落實大學社會責任

聯合國永續發展目標是台灣與國際對話的共通語言，也是北醫大與國際接軌的契機。北醫長年關注全球永續發展，從醫學專業出發，與政府部門及社群組織等國內外機構合作，並鏈結聯合國十七項永續發展目標，不僅從校園出發、從社會出發，更要從世界出發，落實大學的社會責任。

從校園出發，以書中〈有些事，就是要年輕的你去做〉一章為例，因應超高齡化社會來臨，北醫大自二〇二〇年起，與張榮發慈善基金會合作，試行「青銀共居」計畫，從文中可以感受到北醫大學生與長輩屋主培養出猶如祖孫般的情誼，學習與長者感同身受，讓服務更有溫度，也打造跨世代的居住想像。

從社會出發，〈問題愈大，愈要從現在開始做〉談到，身為全台學生社團密度最高的大學，北醫大服務性社團利用寒、暑假期間，平均每年近一千五百位學生投入醫療服務，足跡遍及台灣偏鄉、離島、山地部落，甚至遠赴柬埔寨、尼泊爾及史瓦帝尼等國，進行義診與衛教工作，從口腔衛生、寄生蟲篩檢、保健營養到水資源議題，一步一腳印，協助當地居民提升衛生習慣，縮短醫療資源不平等的問題。

以全球為目標，發揮善的影響力

從世界出發，〈為生活創造意義，為世界創造價值〉記述的，是北醫大多年來派遣常駐醫療團前往史瓦帝尼、馬紹爾，執行醫療任務、推展衛生策略，除了集結醫學大學與附屬醫院資源，開創海外醫療團新模式外，更是台灣第一個成立海外常駐醫療團的大學。二〇二〇年，新冠肺炎肆虐全球，北醫大迅速組成防疫專家團，飛抵友邦協助抗疫，成功治癒史國國王及王妃，再次展現台灣堅強的醫衛實力。

我們以「醫學教育為本，生醫臨床為用，具社會影響力的創新型大學」做為北醫大發展的定位，社會責任也是大學教育重要的一環，學校除了以身作則，勇於承擔社會責任，也希望傳承給年輕學子，讓北醫大精神永續，與世界一起走得更遠。

序 從利他角度思考教育本質

臺北醫學大學董事・李祖德

大學的責任，不只是傳播知識，還需要能夠引領年輕學子對自己與社會建立正確的認知，包含他對自我的定位，以及如何看待個人存在的價值，尤其當個人無法脫離社會而獨立存在，更必須努力在忠於自我與社會價值之間取得平衡。

同樣，擁有醫學專業，可以成為醫者，也可以只是醫匠，其中的差別在於是否擁有人文情懷。北醫大是第一個設立人文學院的醫療教育機構，在這樣的基礎上，相信我們有能力培育出具備人文情懷的醫學生，假以時日更能成為真正的醫者。

涵養醫者胸懷

隨著大學社會責任的格局逐漸擴大，與聯合國永續發展目標產生鏈結，醫學生也應該要把眼光從台灣放大到整個世界，協助醫療環境相對落後的地區改善國民健康，縮小因貧富差距等因素造成的教養落差與階級固化。

然而，要做到這一點，所需要的知識與能力，無法完全從書本中學到，必須透過生活中的實踐，才能逐漸發現不足，從而找到最合適的方向和方法，充實自己的知識與能力。

正因如此，我們格外重視服務學習，本書中無論學生、老師、醫師，都是秉持一顆服務的心，走入人群、造福他人；再加上，我們在醫療專業中注入人文情懷，更能用心感受他人的需求，從偏鄉衛教、青銀共居、原住民文化保存、國際醫療……，希望能夠發揮影響力，為人類帶來正向的改變力量。

用專業發揮影響力

二〇二〇年時，我在北醫大主管共識營中，以「聚焦優勢，榮耀北醫」為題演講，而我們的優勢，就是可以發揮醫療與教育專業，整合學校與附屬醫院的資源、精進人才與各階層主管的培育、強化與全世界學術和醫療專業的連結，做為持續成長的動能與影響社會的善念，提升國際競爭力。

所以，我們整合學術研究與醫院臨床、建立校有事業，帶動產業經濟發展；或者，透過蒐集、分析關鍵數據，推動政策改變；又或者，結合研究、醫療與數據力，改變全世界對於疾病治療的定義與方法……

我始終相信，要辦好教育，必須從社會責任與永續發展的思維出發，身為大學教育機構也必須從利他的角度，思考如何做對社會有益的事，落實大學社會責任與聯合國永續發展目標。這是本書所要傳達的理念，也是北醫大一直在做的事。

序 SDGs，我們永遠的承諾

臺北醫學大學校長・林建煌

臺北醫學大學創校超過六十年，以「培養兼具人文關懷、創新能力及國際觀的生醫人才」為教育宗旨，並以「醫學教育為本，生醫臨床為用，具社會影響力的創新型大學」為發展新定位，積極朝向成為國際一流醫學大學之目標邁進。

多面向連結聯合國永續發展目標

北醫大自創立以來，受到社會各界的愛護與支持鼓勵，所謂「取之於社會，用之於社會」，善盡社會責任為本校核心價值之一；此外，結合聯合國永續發展目標（SDGs）的理念，融入在教育與校務發展中，將北醫的影響力散播到全球各角落。

多年來，一校六附屬醫院默默奉獻，成果屢獲社會各界肯定，二〇二一年獲《天下雜誌》USR（大學社會責任）大學公民調查私立一般大學組第一名；二〇二一年獲第二屆《遠見雜誌》大學社會責任產業共創組首獎殊榮。

更進一步，北醫大就教學、研究、服務、醫療、環境、治理等面向，制定六大永續校務發展策略，包括：培育新世代生醫人才、推動國際領先之研究發展領域、完善北醫醫療健康產業鏈、致力國際醫療服務、建構北醫創新創業生態系，以及加強北醫體系行政支援能量等，從各面向連結聯合國永續發展目標的精神，落實在教職員生日常的學習與工作中。

半世紀以來，北醫大培養了超過四萬七千位校友，在醫療、生技領域默默奉獻，不吝承擔社會責任。

打造和諧共好的社會

累積多年的經歷與成果，北醫與天下文化特別出版這本書，闡述聯合國永續發展目標在北醫推廣的心路歷程，希望拋磚引玉，喚起社會各界對聯合國永續發展目標的重視，大家共同攜手努力，為全球人類打造和諧共好的社會。

教育是為未來而教，現今大學扮演的角色，已不局限於知識的傳遞與人才培育，更要積極思考如何為全球、國家與社會各角落提供資源及協助，與世界接軌，善盡大學的社會影響力。

展望未來，北醫大將依循聯合國永續發展目標所訂的理想與目標，融入課程和校園氛圍，持續發揮北醫一校六附屬醫院教學與醫療體系的特色，推動優質教學、研究、產學與醫療服務，實踐北醫大「誠樸」校訓，更積極投入聯合國永續發展目標的力行實踐，以前瞻的眼光、國際的視野、開闊的胸襟，大步向前，邁向具社會影響力的創新型大學。

01

為生活創造意義 為世界創造價值

陳慧玲——文

貧富差距與醫療落差帶來生命不平等，
一群台灣人憑藉精湛的醫療水準，
協助全球提升健康照護與疾病診療品質，
讓個人生活更有意義，
也向世界證明存在的價值。

「你來過非洲嗎？」台灣駐史瓦帝尼（簡稱史國）醫療團團長杜繼誠被問到為什麼能堅持在史國行醫十多年，他笑著反問這個問題。

「來到非洲，會讓人思考一個最基本的問題：『什麼是人？』這世界上不是只有台灣人、西方人、亞洲人，有太多事物是我們並不了解的，我們不能用自己的認知去評斷，但面對疾病生死的痛苦，我們可以幫忙，也必須幫忙。」杜繼誠接著說。

遠在一萬公里以外的非洲大陸，那裡有一群人，有他們獨特的文化與社會體系。與台灣長達五十三年的邦交，是史國與台灣緊密情感連結的象徵。多年來，台灣陸續派出不同型態的援助團幫助當地發展，在施與受之間，台灣與史國早已不只是邦交情誼，而是建立起一個善的循環。

事實上，放眼全球，貧富差距嚴重，醫療落差帶來生命不平等，亟須有一股力量，協助醫療環境相對落後的地區，提升健康服務與疾病診療照護品質。這正是臺北醫學大學（簡稱北醫大）信奉的理念——到最需要的地方服務，落實醫療真正的價值。

開創海外醫療團新模式

二〇〇九年十二月，在當時北醫大董事長李祖德與校長邱文達主導下，北醫大與國際合作發展基金會（簡稱國合會）簽訂駐史國醫療服務計畫合約，從短期派遣醫療團轉為常駐醫療模式。這是北醫大第一次接受常駐醫療團的工作，也是台灣第一個成立海外常駐醫療團的大學。

「如果沒有北醫大體系的支持，史瓦帝尼醫療團做不起來，也無法發展到現在的程度，」杜繼誠在二〇〇八年就加入國合會委託其他醫院辦理的史瓦帝尼醫療團，但因為當時承辦的醫院缺乏經驗，更缺乏招募醫療人員的能力，醫療團瀕臨崩解。

台灣早期推動醫療外交，多是透過國合會自行組建醫療團，即使之後轉為委託醫療機構執行，卻仍經常陷入難以為繼的困境，其中問題就出在醫療團需要穩定的人力支持，但當時與國合會合作的醫療機構，多半以自有醫護人力輪替再加上外聘招募以提供醫療服務。這樣的做法很難永續，一旦出現人力缺口，醫療團服務就可能中斷。

改寫國際醫療樣貌

為了徹底改變國際醫療合作的困境，國合會在二〇〇九年找上北醫大洽談合作，面對國家的託付，李祖德與邱文達帶著北醫大團隊一肩扛起，從史瓦帝尼常駐醫療團開始，從此改寫台灣國際醫療服務的發展樣貌。

經歷過醫療團差點開天窗的杜繼誠，想起十二年前的轉折，仍然非常有感觸：「北醫大是用醫學大學加上醫院資源全力支持，這與過去其他醫療團還要靠招募才能找到醫生，是完全不一樣的做法。」

儘管加入國際醫療團是許多醫護人員的志願、夢想，但就現實層面看，不論是個人生涯規劃、家庭因素或是職業發展考量，都是造成國際醫療團高流動率的原因。

舉例而言，內科醫師通常會有固定門診的病患，但參與國際醫療服務一去半年甚至一年，回來之後就要重頭再來一次；又或者，有些醫護人員參加國際醫療服務僅是當作職涯過渡期的中繼站，可能只待短短三個月到半年。

打造母港，完善後勤建置

北醫大以一校三附屬醫院的體系資源，解決了長期以來國際醫療團人力流動短缺的問題。

當時，北醫大校長邱文達提出「母港」的概念，從北醫大附設醫院（簡稱北醫附醫）與萬芳醫院派遣醫師參與，北醫大與連同雙和醫院在內的三家附設醫院則是這些外派醫療團隊的母港，當他們工作一定時間，隨時可以回到母港整備，再揚帆繼續下一趟行程。

靠著北醫大體系豐沛的人力資源，以及靈活的調度輪替制度，史瓦帝尼醫療團的運作逐漸步上正軌，杜繼誠就說：「現在我們團裡面的醫師有做十幾年的，也有做四、五年的，還有回去充電後立刻又再回來的。」

二〇一一年，《白袍下的熱血：臺北醫學大學在非洲行醫的故事》一書，記錄了十五位史瓦帝尼醫療團醫護人員的故事，十多年過去，北醫大團隊白袍下的熱血依舊沸騰。

遇到新冠肺炎也照常上刀

「比起愛滋病，我更怕肺結核……」這是當年一位初次參加史瓦帝尼醫療團的醫師笑著告訴媒體記者的話。

在愛滋病感染人數比例高達三〇%到四〇%的史國，與愛滋病病毒相處，是醫療團的日常，但相較於愛滋病透過體液傳染，醫護人員可以做好必要防護避免感染，在環境衛生與個人防護意識相對缺乏的史國，透過飛沫與空氣傳染的肺結核，對醫護人員造成的威脅更大。

杜繼誠說：「有些剛從其他國家到史國的醫生，聽到病人有愛滋病，可能會怕到連刀都不知道要怎麼開，但在這裡，是幾乎每天都會遇到的狀況；不要說愛滋病，我最近剛開過一台刀，是前一天才被確診新冠肺炎的病人。」

設備重要，臨場反應更不能少

在史國十多年，杜繼誠一年可以開兩百多台刀，十多年下來，累積超過兩千六百多次手術。

在台灣執業多年、也曾前往台灣離島駐診的杜繼誠說：「剛來的時候，史國只有我一個神經外科專科醫師，在這裡可以開的刀太多了，需要開的刀也太多了。對神經外科醫師而言，要在沒有過去的慣用設備環境下，學會怎麼開頸椎、怎麼動腦部手術；遇上在台灣很少看到的疾病，像是水腦症、腦室腦膜膨出、腦絛蟲等，還要去找資料學習怎麼治療……」

所幸，這些努力都能看見結果。

「有些過去可能只能送回家等死的病人，因為有了神經外科專科手術，不僅可以活下來，還能恢復正常生活，」杜繼誠感慨。

事實上，有太多太多經驗，是過去不可能經歷的事。

留心觀察，發現確診

很多人都知道，杜繼誠剛到史國時，曾用工業電鑽幫病人開腦；多年後，他笑著說：「那是剛開始的事啦，現在該有的設備都有了，但還是會遇到一些特殊狀況，要靠的不是設備，而是臨場反應的速度。

「有一次，一個人被槍擊，四、五發子彈在身體裡，緊急送來開刀，我們處理到最後一顆打到脊椎裡的子彈時，怎麼找都找不到，判斷可能打到脊髓裡面，但如果切開脊髓翻找，一定會造成嚴重損傷，就算把人救回來也不會好，我想了二十分鐘，想到找子彈不如找彈孔，於是拿水灌下去，馬上就看到彈孔，一下就把子彈拿出來。」

在醫療團看似「緊張刺激」的行醫生活背後，其實要承擔的是高度風險與壓力，而相較於留在台灣擔任專科醫師，醫療團並沒有豐厚的薪水待遇，前往史國的醫師們，大多是犧牲了三分之一甚至一半的薪水。讓他們願意繼續一路走下去的，除了來自北醫大體系與台灣政府的支持，更是他們拯救病苦的不變初心。

二〇二〇年新冠肺炎疫情蔓延全球，位處非洲南部內陸的史國，因為與南非、莫三比克接壤，在非洲疫情逐漸擴散之後，當地疫情也逐步升溫；同年冬天，台灣駐史國大使梁洪昇發現國王身邊開始出現確診案例。

一如所料，病毒早已進入王宮之中，史國國王恩史瓦帝三世也在篩檢後確診新冠肺炎，而梁洪昇除了立即回報外交部，並與北醫大聯絡派遣醫療團外，也同步要求台灣醫療團開始為當時已出現輕微症狀的國王進行治療。

抗疫馳援萬里急奔

北醫大接到消息，立即召集兩位醫師、一位呼吸治療師及兩位護理師組成緊急醫療團出發。在醫療團到達之前，杜繼誠等台灣醫療團隊則是持續監測包括史國國王在內的王室成員健康狀況，並提供必要藥物治療支持。

當時有多位王室成員確診，北醫五人團隊臨危受命，甚至為了避免橫生枝節，連家人都不知道他們要飛到非洲去執行這趟任務。到達當地之後，除了立即展開積極性治療，也每天與台灣團隊跨海連線，就患者病程狀況討論治療方案，前後經歷一個月，才順利完成這項「祕密任務」。而當時參與這項任務的北醫附醫成人感染科醫師陳立遠，更是在順利完成任務返台後，再次收拾行囊飛往史國，加入常駐醫療團行列，持續為防疫工作貢獻心力。

恩史瓦帝三世在二〇二一年一月初發現確診，經過兩週時間，就在北醫團隊的診療照顧下康復，並且公開發表聲明，表達對台灣和北醫的感謝。他在聲明中還幽默地表示：「台灣出色的醫療技術，讓我還來不及對外宣布正在住院治療，就已經康復痊癒了。」

空運氧氣，降低死亡風險

史國的新冠肺炎疫情一度嚴竣，連從其他國家外聘至當地的醫師都有人確診，其中一位甚至在確診當天就不幸過世，也有醫師因重症插管治療多月。

「從二〇二〇年疫情爆發初期，台灣就十分關心史國的疫情發展狀況，總共發動超過十次的防疫物資捐贈，根據史國衛生部統計，台灣是最大的防疫物資捐贈國……」親眼看過當地疫情最嚴重的狀況，梁洪昇知道，身為史國的朋友，台灣必須提供最及時且符合需求的幫忙。

由於當地確診人數持續上升，許多病人需要呼吸器或氧氣支持，其中一・五公尺高的氧氣瓶成為必要物資，部分病人一天就需要用到兩瓶氧氣，而當時氧氣瓶卻一度缺貨——不只是非洲南部，甚至整個非洲都買不到氧氣瓶。

積極參與當地防疫工作的梁洪昇見到這樣的狀況，立即奔走聯絡，協助史國政府向台灣採購，在短短幾週內，就從台灣直接空運六百多支氧氣瓶，讓需要氧氣的病人得以獲得需要的照護，進一步降低因為物資短缺造成的染疫死亡風險。

在疫情持續期間，台灣駐史國醫療團成員始終堅守崗位，甚至有多位醫師從疫情開始就沒離開過史國。但抗疫與防疫都是長期作戰，需要第一線人員的堅守，也需要後方的強力支援，因此，北醫大除了派遣緊急醫療團負責國王的治療，也持續派出防疫醫護專家團前往史國，提供抗疫防護的相關指引。

強化個人，建立培育制度

長期以來，史國的醫療人力資源都處於嚴重不足的狀況，大部分醫護人員是由其他國家外聘而來，當地並不具備訓練培養醫護人力的資源與體制。

基於「授人以魚，不如授人以漁」的精神，北醫大體系除了支持醫療團的發展，過去幾年也積極與台灣政府及史國合作，針對當地需求，培訓醫護人力，協助史國建立癌症照護體系便是其中一例。

二〇一八年，北醫與史國衛生部簽訂為期四年的癌症早期診斷與治療計畫，由萬芳醫院提供醫事人力與培訓課程，訓練項目包含從早期篩檢到晚期治療與安寧照護，史國也派出十二位專業人員來台接受訓練。

過程中，北醫大為加快史國當地機構人員上手的速度，也從萬芳醫院派遣醫事檢驗師長駐史國，實地教導、培訓醫檢實習生進行病理診斷，並就實際病例進行臨床病理教學。此外，針對過去幾年來台灣就讀醫學院專班的史國學生，在他們完成學科訓練後，由北醫大負責進行臨床實習訓練。

「北醫大的實習訓練非常嚴格，因為我們知道，這會是史國第一批本地醫師，也是未來培育更多當地醫師的種子部隊，因此，不但在臨床訓練上格外精實，也設有嚴格的淘汰機制，這批將投入第一線服務的醫師，是史國未來醫療服務的希望，也代表著台灣醫療品質的保證，」梁洪昇說。

除了短期培訓、提供實習醫師臨床訓練，北醫大同時也負責後續的專科醫師養成計畫，更進一步協助建立當地醫師資格鑑定考試制度，讓通過實習訓練的醫師取得行醫資格。

從培養醫學人才到建立醫師資格鑑定制度，對於長期缺乏本地自有醫療人力的史國，北醫大體系配合台灣政府打造的是一套完整的醫療提升與訓練計畫，讓醫療人才種子真正在史國落地生根。

優化團隊，規劃轉送與後送機制

利用抗疫這一年，長駐史國的台灣醫療團同步啟動訓練當地團隊計畫，目標是要讓史國在地醫療團隊更機動、更主動。

「在這裡，下了班就很少人願意做事，醫療人員也一樣，但我想要改變這樣的狀況，讓外面的人知道，這裡有一個隨時可以啟動的團隊，」杜繼誠帶著由一個當地醫師、兩個護理師組成的團隊，每週固定去四家醫院巡迴看診，手把手教導團隊如何診斷及治療、照顧病人。

這是已經在史國服務十三年的杜繼誠，為進一步提升當地團隊醫療能力與醫療服務品質的新計畫：「除了教他們怎麼診斷，更重要的是，在過程中也能夠讓各個醫院與我的團隊建立連結，一旦有需要，隨時都可以聯絡協調轉送或後送，不一定要千里迢迢跑到首都看病。」

談起這個新計畫，杜繼誠滿是期待：「大使知道這個計畫後也非常支持，如果再讓我做一段時間，我就可以把樣子做出來，帶動的改變也會更大。」

落實人文精神影響力

「承辦國際醫療團會賺錢嗎？」這或許是北醫大多年來持續參與國際醫療

服務經常被問到的問題，但了解國際醫療團服務內容的人都知道，這不會是一門賺錢的生意。

不過，這麼多年下來，北醫大透過在多個不同國家的服務足跡，一路帶著年輕學生體會投身醫學的初心與感動，讓經驗豐富的醫護人員實現聞聲救苦的醫者本心，讓台灣優秀出色的醫療品質，透過北醫大的努力被世界看見，更讓北醫人的人文精神影響力進一步落地實現，則是另一種豐富心靈的無形收穫。

從二〇〇八年邱文達擔任北醫大校長開始，北醫大就持續整合學校與醫院資源，走向海外不同地區、國家，提供醫療服務。

剛開始，北醫大先從不定期的短期醫療服務型態做起，足跡遍及帛琉、海地、巴拿馬、瓜地馬拉等地；二〇〇九年起，北醫大接手負責史瓦帝尼醫療團，不但是台灣第一家大學成立的醫療團，更是當時台灣唯一提供常駐醫療服務的醫療團，而後也跟著接下赤道國家聖多美普林西比（簡稱聖多美）的常駐醫療團服務工作。

與此同時，北醫大也持續思考國際醫療服務的不同可能性。二〇一三年，北醫大看到了一個提供創新型態國際醫療服務的機會。

當時，雙和醫院承接了為期四年的馬紹爾群島醫療合作計畫，憑藉多年經驗與探索研究，北醫大認為，除了一般日常醫療服務，馬紹爾群島也需要專科醫師門診與手術服務。

經過評估規劃，北醫大決定採取「滾動式醫療服務」，亦即除了不定期派出醫療團隊至當地服務，並以輪派方式，派遣包含骨科、泌尿科、一般外科、胸腔外科、心臟內科、麻醉科等不同科別的專科醫師到當地醫院駐診、進行手術，每個專科醫師駐診時間長達一個月，深入照顧馬紹爾民眾的健康。

醫者初心不變

北醫大體系給自己的定位是「以教育為本」，因此，很早就開始帶著學生一起踏上國際醫療之路。

十多年前，北醫大社會醫療服務隊第一隊，就是全台灣第一支由醫學院學生組成、前進泰北邊境的醫療服務隊；而後，自二〇一三年起，北醫大師生更利用寒、暑假時間，到史國等地進行醫療服務，除了協助當地醫療團義診，進行寄生蟲篩檢，教導健康衛生知識，也與非政府組織合作，幾乎踏遍史國的偏鄉僻壤。

多年來，北醫大投入國際醫療服務的信念是堅定的，即使在當年本身資源條件相對不足的情況下，仍然一路堅持。如同北醫大校長林建煌曾經說過的：「台灣也曾面臨醫療資源匱乏與臨床醫療艱困的狀況，如今台灣醫療品質已達到國際水準，能夠對需要醫療援助的國家，提供當地民眾醫療照護、挽救病人生命，我們責無旁貸。」

簡短的幾句話，卻是最根本的醫者初心。多年走來，一路未變。

02

與世界一起走得更遠

林惠君——文

古語有云：「窮則獨善其身，達則兼善天下。」
台灣走過寄生蟲等傳染性疾病威脅、結核病獲得良好防治，
如今也能輸出醫療經驗與能力，
致力健康促進，
使人類的未來更美好而久遠。

隨著經濟發展與醫療水準提升，台灣已經遠離許多傳染性疾病的威脅；甚至，行有餘力，透過醫療外交或學術交流，輸出寶貴的台灣經驗，協助其他地區改善醫療環境，因為唯有提高國民健康水準，國家競爭力才有提升的可能，與世界共存共榮。

比新冠肺炎更難纏的古老疾病

近年來令人惶惶不安、一再變異的新興傳染疾病新冠肺炎，自二〇一九年

年底爆發，截至二〇二一年七月初，不到兩年時間，已帶走全球超過四百萬人的性命。

然而，人類史上有一個古老傳染疾病，肆虐超過數千年之久，影響力比之新冠肺炎也不遑多讓。這個疾病，就是結核病。

最致命的傳染性疾病

根據美國疾病管制暨預防中心（CDC）的說法，人類罹患結核病的起源，可以追溯到九千年前，一座位於現在以色列海岸附近、地中海海域的城市——亞特利特亞姆（Atlit Yam），考古學家在一對母子遺骸中發現結核病。至於結核病最早見諸於文字的時代，則是在三千三百年前的印度和兩千三百年前的古中國。

時光荏苒，結核病在十七世紀中葉的歐洲有「白色瘟疫」之稱，直到十九世紀晚期，科學家才找到致病元凶——結核分枝桿菌。

到了二十一世紀的現代，據世界衛生組織（WHO，簡稱世衛）最新發布的二〇二〇年結核病報告，全世界約有四分之一人口感染結核桿菌，二〇一九年因結核病死亡的人數約一百四十萬八千人，平均每天死亡人數為三千八百五十七人，是最致命的傳染性疾病之一。

結核病一度是不治之症，直到一九四四年發現治療藥物鏈黴素，之後新的藥物陸續出現，異菸鹼醯（Isoniazide）、立汎黴素（Rifampicin）、吡嗪醯胺（Pyrazinamide）……，似乎為治療結核病帶來一線曙光。

然而，全球每年結核病患者有增無減。時至今日，結核病依然是重要的公共衛生議題，台灣在二〇二〇年仍出現將近八千個新患者。

抗藥性是個大挑戰

「你們知道為什麼嗎？」萬芳醫院醫品執行長、胸腔暨重症專科醫師佘明治賣了個關子，接著揭開謎底：「最大的原因，是服藥順從性不佳導致患者產生抗藥性。」

一般結核病的標準療程為六個月，吃藥的副作用為肝臟受損，但患者服藥順從性不佳，容易吃吃停停、自行斷藥，導致體內產生抗藥性。

當病人未按照處方規則服藥時，可能會產生抗藥性問題，特別是導致同時對異菸鹼醯和立汎黴素兩種藥物有抗藥性，稱為多重抗藥性結核病，治療將更加棘手，治療期間如未控制好感染源，又會造成感染，使結核病患者增加。

依早期世衛指引，多重抗藥性結核病療程需時二十個月之久，治療失敗與中斷治療更成為治癒病症的兩大挑戰。

全球緊急危機

一九九三年，世衛宣布，結核病屬於「全球緊急危機」，建議採取直接監督短程療法（DOTs，一般稱為都治計畫）。

到了二〇一四年和二〇一五年，世衛和聯合國所有成員國承諾，採納世衛的終止結核病策略和聯合國的「永續發展目標」（Sustainable Development Goals, SDGs），來終止結核病疫情；之後到了二〇一八年，除重申永續發展目標和終止結核病策略的承諾，聯合國所有成員國也承諾，將在二〇三〇年做到

「終止全球結核病疫情」。

根據世衛二〇二〇年的結核病報告，二〇一九年全球估計新增一千萬個結核病患（約八百九十萬至一千一百萬人之間），實際新增的登記數為七百一十萬人，且近年來這個數據下降的速度非常緩慢。

經濟弱勢患者的痛

結核病是全世界必須協力解決的傳染性疾病，台灣的情況又是如何？

「曾經有位年約三十歲的女性肺結核患者，他的母親常年在病房陪病，可惜患者仍不幸過世，死前還曾大量咳血；後來，患者的妹妹也染上肺結核，那位母親卻不再進入病房陪病，讓妹妹忍不住抱怨……」余明治回憶二十多年前在台灣省政府防癆局服務時的故事，「後來才知道，那位母親是害怕觸景傷情，因此不敢再踏入女兒病逝的病房，之後甚至是在患者妹妹門診時，他也常常只陪著到醫院門口，不願踏入醫院大門。」

台灣早期為結核病所苦，當年防治工作隸屬防癆局，一九八九年改為台灣省慢性病防治院，十年後再改制為行政院衛生署（衛生福利部〔簡稱衛福部〕前身）慢性病防治局，到二〇〇二年再整併原台中、嘉義、台南慢性病防治院，成為當時的衛生署胸腔病院專責醫院。

「以往的結核病防治，有很長一段時間屬於獨立的單一系統，且多數患者為經濟弱勢，相對較少醫師從事結核病防治，堅持下來的都是帶有使命感的醫師，」余明治直言，「但是要對抗結核病，光靠有使命感的醫師還不夠，更重要的是政府結合公衛與醫療體系整體運作，且多數患者處於經濟弱勢，甚至必須結合社會福利機制，才可能做到。」

SARS衝擊帶來改變契機

為了解決結核病問題，政府也投注相當多努力，但台灣新增結核病患者在二〇〇五年創下高峰，達到一萬六千人，當時台灣與全球均面臨結核病防治的困境。

有鑑於此，台灣於二〇〇六年追隨世衛提出都治計畫，還定出「送藥到手、服藥入口、吞了再走」的口訣，由疾病管制署（簡稱疾管署）發藥，護理師或關懷員必須親眼看著病人服藥才能離開。

二〇二〇年，台灣每年新增結核病患者跌破八千大關，降至七千九百人。十五年之間，發生了什麼事？

余明治指出，SARS之後，感染控制議題受到重視，各大醫院陸續建立標準負壓隔離病房，在疫情趨緩後轉型為結核病病房，醫療環境進步許多。

硬體的改善是第一步，接下來的關鍵是政府思維的調整。

首創一條龍模式

以往，多重抗藥性結核病是透過公衛系統負責送藥到患者家，但自二〇〇七年開始，改為由疾管署撥發一筆經費，從院內看診到院外送藥，均由醫院派出專門團隊執行。

「這種一條龍的做法是全球首創，」余明治指出，「最大的好處是，當護理師或關懷員送藥給病人，一有狀況就可以立即反應給醫師。」

此外，考量多重抗藥性結核病患者分散在全國各地醫療院所，導致照護或整合不易，疾管署將多重抗藥性結核病醫療照護體系（The Taiwan MDR-TB Consortium, TMTC）分為五大區域（台北區、北區、中區、南區與高高屏區，以及東區），涵蓋五大醫療團隊。

例如，台北區是以萬芳醫院團隊為首，合作醫院包括台北馬偕紀念醫院、衛福部台北醫院等。負責萬芳醫院團隊聯絡統籌的余明治說明，這樣的運作模式，可兼顧醫療與公衛需求，不必受限於健保體系以醫療為主體的要求；此外，在同一個團隊中，各醫院能互相支援，如果某醫院沒有病床，透過這種合作關係，可以請團隊中另一家醫院收治，偶爾還會有跨團隊的合作。

醫人，也醫心

在努力治癒患者的過程中，萬芳醫院團隊更提倡所謂的「五全主義」，包括：全人、全隊、全家、全程陪伴、全社區，共同支持患者抗病。

「曾有位罹患憂鬱症的結核病患者，護理師若看到他情緒不佳，就常會先陪他聊天，再看著他把藥吃下去；另外有位擔任社區保全的患者，因為接觸住戶壓力大，醫護會安慰對方，得病不是他的錯，一路支持他按時服藥對抗病魔，」余明治舉例說明。

除了醫療團隊的支撐，檢驗儀器的進步也是即時揪出患者的利器。

余明治憶及，有對夫妻，太太是多重抗藥性結核病患者，先生陪同看病，但他發現先生雖然精神很好，但有輕微咳嗽，懷疑可能也不幸染病；後來，透過X光片，果然發現疑似有結核病病灶，於是透過快速分子生物檢查，三天後檢驗出先生有多重抗藥性結核病，「如果靠傳統方式，可能要五十天後才能知道結果，恐怕引發更多感染。」

多重抗藥性結核病治癒率破八成

醫療團隊與儀器進步之外，制定完整的傳染病防治法規，更有如布下天羅地網，讓台灣的結核病防治如虎添翼。

依照《傳染病防治法》規定，一般肺結核屬第三類法定傳染病，發現案例後，必須在七天內通報當地衛生主管機關；多重抗藥性結核病則屬於第二類法定傳染病，要在一天內通報疾管署，避免造成更多傳染，否則醫師與醫院都將處以罰款。

從上而下，疾管署布建防治網，讓台灣的結核病防治交出漂亮的成績單。世衛於二〇一六年發布的結核病追蹤治療結果顯示，多重抗藥性結核病的平均治療成功率僅有五二%；相對，在台灣，多重抗藥性結核病治療成功率達到八二．四%，中斷治療及治療失敗率皆不到三%。余明治參與的這項研究，成果於二〇一八年刊載在國際權威期刊《臨床傳染病》（*Clinical Infectious Diseases, CID*）。

改變全球的影響力

台灣對於結核病防治的貢獻，在全球都具有舉足輕重的地位，甚至促使世衛改變對於「治療失敗」的定義。

同樣出自防癆局體系的萬芳醫院胸腔內科主治醫師暨研究部主任江振源，

身兼國際抗癆暨肺病聯盟（International Union Against Tuberculosis and Lung Disease，又稱 The Union，簡稱國際抗癆聯盟）與世衛的多重抗藥性結核病防治顧問，於二〇〇〇年便開始實際參與國際結核病防治研究，後來在SARS爆發的二〇〇三年獲邀加入國際抗癆聯盟。

對胸腔科醫師來說，SARS帶來的震撼不容小覷，但「我沒有因為SARS改變心意，因為全球每年死於結核病的人數超過百萬……」江振源認為，結核病對人類社會的衝擊遠遠超過SARS，而他不僅參與國際結核病防治，更協助執行一項全球性計畫，找出更多罹患結核病的患者，讓他們獲得應有的照護與治療。

這段故事，要從上個世紀說起。

世紀防疫總動員

二十世紀末，國際結核病防治圈曾經發生一場關於如何治療多重抗藥性結核病的論戰。

「基於人權與平等，所有結核病患者都應該得到妥善的照護與治療，」江振源直言，但多重抗藥性結核病的診斷與治療困難且昂貴，在經濟弱勢國家不易推廣，導致新患者持續出現，且無法獲得良好的診斷與治療。

因此，如何提高治療成功率，避免留下更多傳染源，在多重抗藥性結核病的防治上至為關鍵。

二〇〇八年，美國哈佛大學一項在祕魯進行長達五年、治療四十八位廣泛抗藥性病人、成功率達六〇・四%的研究，成果獲登於內科學全球排名最高的《新英格蘭醫學期刊》（*The New England Journal of Medicine, NEJM*）。然而，這項研究看似提高治療成功率，實際上卻有一些關鍵細節需要釐清。

首先，江振源對這項研究中所謂的「治療成功」提出質疑。因為「研究者並未依照國際通用的中斷治療定義歸類治療結果，且在治療過程中，對治療反應不好的病人更改處方，卻沒有歸類為治療失敗，因此有些病人療程將近五年」。

「這樣的資料分析方法會高估成功率，低估傳染期，」江振源指出，治療期長達五年，傳染期跟著拉長，歸類為治療成功，將可能低估了漫長療程中製造更多新患者的風險。

「從臨床角度來看，這種分析治療結果的方式並未產生好的指導意義，而且在治療過程中，服藥幾個月後，病人如對藥物反應不佳，可能最後結果就是治療失敗，理應評估是否需要調整藥物，而非單純拉長治療期，」他更直言，「若治療時間長達五年，患者終於痊癒，無法排除部分病人是因免疫系統增強，導致結核病好轉的自然過程，亦即不一定是藥物治療的成果。」

世衛修改治療評估定義

江振源以實際經驗指出，多重抗藥性結核病的治療期長達一年半，若病人接受一個治療處方六個月，臨床反應不佳，有經驗的醫師可能會調整治療處方，但開發中國家的結核病防治計畫不一定有這樣的彈性，若這些國家採用世衛的定義並當成國家方案，即強化期延長到六至八個月，全程二十個月，便往往會走完二十個月的療程才分析治療結果，不會即時調整。

「延長治療時間不一定就能得到更好的結果，因為持續使用一個無效的處方不但浪費資源，延長病人傳染期，也會產生更多抗藥性，還可能增加聽力和腎功能傷害的風險，因此我認為，多重抗藥性結核病治療失敗的國際定義必須調整，」他提出自己的觀點，並且獨排眾議，質疑世衛的結核病治療定義。

因此，從二〇〇九年起，江振源在國際抗癆聯盟世界大會發表演說，指出當時多重抗藥性結核病治療結果國際定義的缺失，強調治療六個月後臨床反應不佳，必須考慮宣告處方失敗，調整治療處方，重新治療，才是可行之道；接著，他召集國際抗癆聯盟的幾位同事組成小組，提出新的治療失敗定義。

史上首次，說服世衛收回已發表文件

世衛於二〇一一年公布指引，建議多重抗藥性結核病患者治療期的強化期「至少」八個月，全程二十個月。對此，江振源也認為不妥，因為「這個建議誤讀了資料分析」。

世衛的指引是基於一項文獻回顧與統合分析，指出強化期宜「最多」八個月，延長不一定有更好的治療結果，甚至反倒可能增加不良反應的風險。

二〇一二年，江振源以一人之力，在一次世衛會議中力抗十多位專家，說服世衛收回已發表的文件，將多重抗藥性結核病治療強化期的建議，從「至少」八個月修改為「大約」八個月，並且建議治療八個月時宜評估是否治療失敗，可謂有史以來第一遭。

經過江振源等人多年的努力，終於，在二〇一三年，改變世衛對多重抗藥性結核病治療評估的定義。

促使江振源決定站出來與世界專家對抗的動力，部分來自一位比利時結核病與痲瘋病專家爾曼滿敦（Armand Van Deun）二〇〇九年於孟加拉完成的多重抗藥性結核病研究。

成功倡議短程療法

爾曼滿敦治療多重抗藥性結核病的方案，為時九個月，採用六種治療結核病的藥物與一種治療痲瘋病的藥物，最終治癒率高達八七．八％，可惜這項成果未獲當時主流醫學期刊認可。

然而，「我認為這項治療非常有潛力，」江振源在確認資料數據無誤後，大力倡議這項短程療法，爾曼滿敦的研究論文也在二〇一〇年刊登於知名的《美國呼吸與重症醫學期刊》（*American Journal of Respiratory and Critical Care Medicine, AJRCCM*）。

有了這項成果做為基礎，世衛不再否定多重抗藥性結核病短程療法的報告，但仍要求必須在其他國家有更多臨床試驗證據支持。

事實上，世衛在二〇一二年已允許採取為期九至十一個月的短程療法治療多重抗藥性結核病，但僅限於研究使用，而非全面開放。為此，江振源投入一項跨國研究，在南非、衣索比亞、越南、蒙古四個國家，針對四百二十四位受試者，同樣以六種結核病藥搭配一種痲瘋病藥，完成治療多重抗藥性結核病第三期臨床試驗。

最後，研究證實，九至十一個月短程療法的療效，與世衛主推的二十個月長程療法旗鼓相當，成果也在二〇一九年刊登於《新英格蘭醫學期刊》。

「這項臨床試驗是歷史上第一次，以科學方法證實多重抗藥性結核病短程療法的療效不亞於長程療法，」江振源說，更重要的是，「短程療法能夠降低醫療費用、減少病人所受的折磨，可望提高世界各國使用短程療法的意願，逐漸成為多重抗藥性結核病的治療主流，為全球無數病人帶來另一種選擇。」

跨國合作分享防治經驗

台灣成功防治結核病的經驗，長期在第一線工作的余明治，他同時也是現任中華民國防癆協會（簡稱防癆協會）理事長，感受尤其深刻。

「要是這位患者發病在現代，已經有新的藥及新的辦法，我就可以治好他了，」余明治遙想早年一位年輕的男性患者，十多歲發病，二十歲治癒，沒想到三十出頭時又復發，並轉變為多重抗藥性結核病，最後在病榻上離開。

患者生前，難免感慨自己病況嚴重，但更心繫當時的女友，不時催促對方另覓良人；患者過世後，又歷經幾個寒暑，已嫁為人妻的患者女友找到余明治，將患者託付的遺物交給他，讓余明治感慨萬千。這段過往，讓余明治對結核病防治更具使命感，當他有機會將經驗分享給其他國家，自是當仁不讓。

越南，是典型的例子。依照世衛二〇一九年的數據，越南當地人口約九千萬，十萬人中有一百人發病，發病率是台灣的三至四倍。越南政府想要啟動結核病防治計畫，疾管署順勢推動新南向台越結核病防治交流合作計畫，北醫大結合萬芳醫院，配合政府的新南向計畫，從二〇一八年起，展開為期四年的學術與臨床交流。

首先，疾管署、萬芳醫院與越南廣寧省進行結核病防治交流，舉辦國際訓練研習營，接著組成「結核病防疫深耕隊」，深入越南分享台灣的防治經驗。之後，廣寧省派員來台交流學習，觀摩台灣的教育訓練、醫院安排等。

「這段合作的因緣，早在十年前就已埋下種子，」余明治指出，二〇〇九年，防癆協會代訓越南醫師，並安排他們參訪萬芳醫院，而當時來台的醫師武德番，對台灣結核病防治經驗留下良好印象，也讓他日後更樂於與台灣合作。

台越合作，防治結核病

二〇一八年台、越展開結核病防治交流，時任廣寧省胸腔病院院長的武德番再度來台，與萬芳醫院簽訂合作備忘錄。

「越南國情與民族性和台灣相似，也有很多台灣人在越南工作，國內更有不少來自越南的外籍配偶，雙方對結核病防治的合作與交流相形重要，」余明治舉例談到，有一位長期在越南工作的台灣人罹患多重抗藥性結核病，回國接受治療，疫情爆發前返回越南，為確保治療不中斷，便由醫護團隊透過視訊，每天三次、每週六天，持續關懷病人並確保病人規則服藥，此外還請他在越南當地定期抽血、驗痰、照X光，兩地緊密配合。

交流觀念，杜絕下指導棋

台灣與越南的政治與經濟體制不同，雙方交流以經驗分享為主，避免強制套用某些制度，可說是台灣醫療團隊在經年累月的國際互動中，摸索出的成功法則。

「越方對萬芳醫院在臨床領域真正做到『以病人為中心』留下深刻印象，萬芳醫院也將相關政策、工作手冊轉譯為越文，提供越方參考。此外，在檢驗方面，越方希望讓當地實驗室可以通過ISO國際認證，萬芳醫院便將檢驗室架構、標準化文件及運作模式提供越方參考，並就如何提升實驗室品質給予建議、協助與諮詢，」余明治進一步說明。

在治療方式上，雙方也定期透過視訊討論困難個案，從中互相學習。

余明治舉例，在台灣，治療過程中，醫療團隊會非常密切追蹤病人的驗痰結果、關心與監控病人服藥的副作用；對於部分病灶集中在特定肺部區域的病人，會同時合併採用手術治療；在抗藥性方面，也已跨入結核病精準醫療的門檻，能夠掌握基因的抗藥位點；如果有不合作的病人，台灣則有嚴格的公權力能夠介入……，這些，都提供給越南夥伴不同的刺激與思考。

「結核病防治要靠公衛與醫療體系合作才能成功，」余明治強調，患者可能會轉換醫院治療，因此要如何建置資料庫，提供「同步」的「即時」訊息給各層級人員，是非常重要的議題。

「台灣早期剛建置資料庫時，也有很多困難與考驗，」余明治坦言，但後來隨著技術提升及作業流程完備，「現在疾管署的結核病資料庫已經成為國外人士到台灣交流時的亮點，而近年來越南廣寧省開始建置資料庫，透過台、越交流，也分享了相關經驗。」

至於越南面對的另一個挑戰——病人如不配合，官方沒有法規可以強制病人治療或隔離，也在越方來台交流後，透過觀察台灣的防治經驗，「可以看到一個標竿，努力達到目標，」余明治進一步指出，越方的這項挑戰或許在新冠肺炎疫情衝擊後，會出現轉機。

江振源也強調，越南當地有其公衛系統與醫療環境，與台灣環境未必相同，廣寧省是越南的一省，情境與其他省分也未必相同，所以，「台、越進行學術或治療觀念的交流是彼此學習，絕非替對方下指導棋。」

製造貧窮循環的寄生蟲問題

除了對外分享結核病防治經驗，北醫大分子寄生蟲暨熱帶疾病學科教授、國際熱帶醫學研究中心主任范家堃對於寄生蟲感染的研究與防控經驗，也成為台灣展現醫療實力、協助友邦國家擺脫傳染性疾病的另一個成功案例。

台灣在光復後到八〇年代，熱帶性疾病盛行，例如：瘧疾、血絲蟲病和腸道寄生蟲等，所幸經過許多台灣著名的寄生蟲學者，例如：謝獻臣、范秉真和陳瑩霖等人，投入二、三十年精力，加上政府每年在全台各小學進行糞便檢查，只要有腸道寄生蟲就投藥治療，並且持續追蹤檢查是否治癒，同時積極推廣公衛教育。

所幸，到八〇年代初期，台灣便幾乎根除或完全控制這些傳染疾病。

然而，根據世界銀行調查分析，每日生活所得低於兩美元的國家，主要集中在非洲撒哈拉沙漠以南，約有五億五千多萬人，占非洲人口的七三%，且這些國家有一個共同特色，就是飽受熱帶傳染性疾病所苦，而這些傳染疾病罹病率高、死亡率低，十多年前尚未為已開發國家重視，稱為「被忽略的熱帶性疾病」（neglected tropical diseases, NTDs）。

世衛粗估，二〇二〇年時，全球七十八億人口中，約有十七億人必須以藥物預防被忽略的熱帶性疾病。

此外，世衛羅列出十七種主要的被忽略的熱帶性疾病（近期增列三種成為二十種），裡面有十二種為寄生蟲感染所造成，當中又以包含蛔蟲、鞭蟲與鉤蟲在內的土源性蠕蟲（soil-transmitted helminth, STHs）最為嚴重，全球約有六至七億人受到感染，其中約有三分之一發生在生活費用不到兩美元的世界最窮人口。

土源性蠕蟲感染除了是造成開發中國家學齡前幼童、兒童與孕婦慢性貧血和蛋白質營養缺乏的主要原因，也會導致成人患者的工作生產能力變差，使得收入降低、國家競爭力低落，促使這些國家處於貧窮的無窮迴圈。

以學童為例，如果感染蛔蟲、鉤蟲、鞭蟲或其他腸道原蟲，可能出現腹瀉（痛）、營養不良、體重降低、腸道出血、貧血、脫肛、記憶力降低、生長退化、學習遲緩與死亡等嚴重後果。

這些情況不僅影響學童健康乃至威脅生命，更有研究顯示，可能造成患童出現智力障礙問題。

一隻寄生蟲，影響國家競爭力

依照世衛二〇一五年的數據，推估光是土源性蠕蟲的全球預防性藥物需求人數，就約有八億五千萬個學童。

「學童是國家未來重要的棟梁，如果在幼年時期，體質即出現衰弱不堪的現象，對於這個國家要建立一個社會穩定、經濟成長和健康的社群，將是一大隱憂，」范家堃說。

他更引述國外資料指出，非洲地區的土源性蠕蟲疫情不僅要耗掉非洲國家每年約一百二十億美元的國家經費支出，也造成非洲國家經濟成長率每年下跌一．三%；反之，在肯亞的研究發現，若從孩童時期即規律驅蟲，改善健康情況，經過十年，長大後的收入約可增加二〇%至四〇%。

因此，世衛認為，在撒哈拉沙漠以南的非洲地區，被忽略的熱帶性疾病對人類健康與生命危害的影響，已與世界三大傳染病——瘧疾、愛滋病和肺結核相當。

「非洲的現況，應該跟四十幾年前的台灣相似，」范家堃秉持著對寄生蟲研究的熱情與貢獻所學的心情，自動請纓帶領學生遠赴史瓦帝尼進行寄生蟲的田野調查，因為他相信，「台灣對寄生蟲的防控成就與成功經驗，可以輸出給開發中國家，尤其是台灣學童腸道寄生蟲的防控經驗與以硫汞－碘－甲醛離心沉澱法（MIF）檢驗腸道寄生蟲的診斷技術，更可以移植至其他開發中國家。」

從提升檢驗技術做起

范家堃放棄暑假在研究室吹冷氣的待遇，懷抱滿腔熱血，帶領北醫大寄生蟲防控研究團與海外國際志工團一起飛往史國。沒想到，第一次踏上史國土地，研究人員就碰到軟釘子。

「為什麼要抽血，是想盜取我們孩子的基因密碼嗎？」范家堃仍記得，二〇〇九年首度抵達史國的第二天，還來不及調整時差，就接到史國衛生部機構審查委員會（IRB Committees）的開會通知，而且委會員主席馬嘉古拉（Samuel Vusi Magagula）會議中劈頭就丟出這樣一句質問。

多虧北醫大駐史國醫療團團長杜繼誠出面解圍，說明醫療團與研究團是一體，若要提供當地醫療協助，也必須同步進行當地寄生蟲研究。

最後，經過修改研究計畫書並送回史國機構審查委員會複審，再加上後來結識當時的史國臨床檢驗科暨血液中心主任蘇卡提（Hose Sukati）與史國驅蟲中心主任德拉米妮（Precious Dlamini），雙方建立「誠信、尊重及平等對待」互動的共識，終於順利執行計畫。

經過這次的不打不相識，雙方逐漸建立互信基礎，范家堃的研究愈益順暢，也在他的調查下發現，史國學童寄生蟲感染率約四〇％，並以MIF檢驗出當地腸道寄生蟲高達十三種。

提升當地檢驗技術，成為改善史國醫療環境的首要任務。

二〇一七年，范家堃率團隊前往史國，進行為期一個月的腸道寄生蟲鑑定訓練與技術轉移計畫，協助史國政府醫院與地區臨床診所檢驗實驗單位等醫檢技術人員，提升他們對腸道寄生蟲的鑑定與診斷能力，對造成感染的背景知識也有更清楚的了解。

化解友邦的蟲蟲危機

有了在史國的經驗，范家堃與研究生又陸續前往其他友邦，像是聖多美、馬紹爾，持續執行各項寄生蟲感染調查計畫。

「二〇一〇年至二〇一二年間，我們在聖多美進行全國學童腸道寄生蟲篩檢，發現感染率近八〇％，經MIF檢驗有十四種寄生蟲，」范家堃以學科和國際熱帶醫學研究中心的名義，向國合會申請計畫，決定於二〇一六年八月開始，進行為期三年的「全國學童減蟲計畫」，總經費為一百八十萬美元。

經過多年的田野調查，本來必須協助友邦進行除蟲計畫才算完成最後一哩路，可惜，「我們原本計劃在二〇一七年一月出發前往聖多美執行任務，但二〇一六年十二月二十日，聖多美與台灣斷交，計畫戛然而止，」范家堃只能徒呼負負。

至於馬紹爾，范家堃研究發現，當地學童寄生蟲感染率約二〇%，但原本當地只檢驗出五、六種寄生蟲，可是受過識別訓練的研究團醫檢師卻看出，其實有十二種寄生蟲感染。

不可諱言，要真正防治寄生蟲，還是需要融入國家的力量，共同協力才能有效防堵，包括：教師的衛生教育、公共衛生護士加強衛生宣導查訪，以及檢驗人員素質的提升，才有機會大幅降低學童腸道寄生蟲感染率。不過，這也是台灣有機會為聯合國永續發展目標第三項盡一份力的機會。

在「到二〇三〇年，消除愛滋病、肺結核、瘧疾、被忽略的熱帶性疾病，並對抗肝炎、水傳染性疾病，以及其他傳染疾病」這項目標下，范家堃以馬紹爾為例指出，「當地人口約五、六萬人，若以一五%的比例估算學童人數，約為九千人，減蟲經費不會太高，如果政府可以提供預算協助邦交國解決寄生蟲感染問題，也算美事一樁。」

一手資料，讓冷門學科變熱門

范家堃自海外帶回許多寄生蟲田野調查的第一手資料，不僅實踐了自己身體力行與熱情分享的理念，也意外讓原本冷門的寄生蟲學科變得熱門。

在北醫大任教超過二十五年的范家堃指出，台灣隨著經濟與衛生條件改善，寄生蟲疾病已較少見，他觀察到，「二〇〇五年前後，不少醫學生認為不需要再研讀寄生蟲學，認為那是冷門科目，上課意興闌珊。」情況，在他開始到國外田野調查後出現轉變。

范家堃堅持帶著研究生到開發中國家進行學童寄生蟲病的防治及研究，因為只有親臨寄生蟲肆虐現場，才有辦法帶回最新的寄生蟲病在非洲或開發中國家的第一手資料。

與此同時，隨著范家堃把自己經歷的故事和研究結果，轉化為教材分享給學生，「除了帶進『田野現場即教室』的想望，學生學習的興趣也變得高昂，開始津津有味地聽講和提問，」他眼神發亮地分享不同於以往暮氣沉沉的教學現場。

寄生蟲研究促成三贏

台灣在醫療方面的貢獻，尤其是寄生蟲研究的軟實力，已經為不少友邦做出許多貢獻。

以范家堃的寄生蟲研究來說，除了協助防治，他與當地衛生研究人員一起參與被忽略的熱帶性疾病防控活動，並共同發表ＳＣＩ國際合作論文，包括：史國七篇、馬紹爾五篇，以及聖多美一篇，讓國際社會看到這些發展中國家面臨的公衛問題。

「北醫大對國際弱勢社會族群進行的被忽略的熱帶性疾病防控協助與行動，代表的是台灣正以民間力量為回饋國際社會做出貢獻，」范家堃自豪地說，「以往在台灣被忽略的寄生蟲病防控經驗，如今卻可以促成『台灣、北醫大、邦交國』三贏的局面，更對聯合國制定的永續發展目標中的目標三和目標十七做出重要具體貢獻。」

* * *

北醫大在醫學教育培育無數醫療專業人才，這些醫療專業人員不僅在臨床救治病患，使其免於疾患之苦，更進一步將研究成果及經驗帶到國際，嘉惠更多人。

在傳染病防治領域，曾困擾台灣許久的結核病就是一例，其中自然少不了來自余明治、江振源等人投入的努力；而范家堃研究寄生蟲長達數十年，藉由執行外交部的委託計畫，培育邦交國家在地的研究與技術人員，則是另一種貢獻模式。

無論模式如何，這些醫師與學者熱心付出所學，協助發展中國家防治傳染性疾病，與聯合國制定的永續發展目標相互呼應，象徵的便是台灣正伸出雙手，拉著這些國家，邁開腳步，一起與世界走得更遠。

03

為他人創造機會 自己也能登峰造極

陳慧玲——文

知識，是個人追求卓越的工具，
也是加速創新、造福人類的方法。
做為高等教育學府，
更要發揮社會影響力，
使學術研究與產業發展互利共榮。

二〇一六年，史丹佛大學校長拉文（Marc Tessier-Lavigne）在就任演講中提到：「展望未來，我們必須捫心自問，我們是否竭盡全力為未來時代奠下堅實的基礎？」以及「我們是否能夠成為一所有使命感的大學？」

史丹佛大學對自身的期許是：教育學生成為世界公民與領導者，應用知識的力量造福全體人類，不單追求卓越，更要以卓越的成就來造福人類，發揮社會影響力。

同樣的自我期許，在北醫大也處處可見，從「為未來而教」的教育理念、培養跨領域人才的靈活機制，到打造創新創業生態系所產生的社會影響力。同樣身為「有使命感的大學」，北醫大對於回饋社會的使命，落實在每一個向前邁進的決策執行上。

醞釀新變革模式

「二十年前，醫界還沒有進行產業論述能力的訓練，也沒有支持與產業溝通合作的平台，更不用說如何與資本市場合作，」北醫大校長林建煌談到，「二十多年後的現在，北醫大培育了二十六家新創公司，持有的股權面值超過新台幣十三億元，而這些數字還在持續增加中；過去四年，北醫大從外部取得的創新研究與產學合作資源，每年上看二十億元。」

事實上，早在二〇〇〇年前後，北醫大便注意到學術鏈結產業與創新的重要，而在全世界風起雲湧的大數據與人工智慧浪潮中，北醫大對產業人才的培養更是走在產業需求之前，而從四年前開始，便平均每年訓練出一千位修習人工智慧課程的生醫人才。

「教育事業需要幾十年的累積才會看到效果，所以必須把方向設定好，一棒接著一棒接力完成，才會成功，」曾任北醫大董事長、現任北醫大董事李祖德說。

從謝獻臣、吳成文、李祖德到張文昌，從邱文達、閻雲到林建煌，過去二十年來，歷任董事長與校長接力傳承，讓北醫大走出一條與其他大學不一樣的創新轉型之路，也為教育與醫療體系帶來新的變革模式。

五分之一市值來自校友公司

幾年前，曾有台灣媒體報導，在當時台灣的生技製藥產業中，由北醫大校友擔任董事長的公司，市值占了整體產業的五分之一。而能有這樣的成績，其來有自。

林建煌在二十年前擔任北醫大研發長時，他做的第一件事，就是不當進駐廠商的「房東」，而是要當廠商的「夥伴」，因此推動每家廠商每年都必須與北醫大老師簽訂一百萬元產學合作計畫的策略，讓產業需求進到校園研究中，也讓老師的研究跟著產業需求前進。

如果說，創業家精神就是勇於接受挑戰、不怕失敗，在有限資源中長成的北醫人，對於創新創業，不只是單純地追求事業成就，更像是一種回應創新挑戰的精神膽識。

二〇一四年，時任北醫人口腔醫學院院長歐耿良帶領的生醫器材3D列印系統技術團隊，獲得鑽石創投五億元投資，成為北醫大第一家獲得創投資金的衍生新創公司，而這家公司也在二〇二〇年年底登錄興櫃。

成功背後，是一份創業家破釜沉舟的決心。

專注研發，呼應產業需求

李祖德有句名言：「把橋燒掉，不給自己留後路，因為給自己留回頭路，就是留失敗的路。」

秉持這樣的信念，他對歐耿良說：「拿到五億元的投資當然是好消息，可是，『一個人同時做一件事不見得會成功，但同時做兩件事一定會失敗。』」

李祖德一席話，提醒了歐耿良，「他二話不說直奔下樓，去向當時的校長閣雲辭職，全心投入三鼎生技創業，」一直到現在，李祖德提起七年前的這段往事，仍清晰記得和三鼎執行長歐耿良在北醫大醫綜大樓十五樓談話的場景。

「一個人要做到學院院長並不容易，很多人可能覺得這是家族的榮耀，不是那麼容易說拋掉就拋掉，但歐耿良這樣做了，我想這就是為什麼三鼎可以成為第一家掛牌興櫃生物列印公司的原因，就是因為他有決心，不給自己回頭的路，聚焦專注只做一件事。」

不過，擁有破釜沉舟的勇氣固然重要，如何找到正確的方向也至為關鍵。

掌握解決問題的影響力

「做什麼事，定位很重要，」每每談到對於學校發展的決策過程，林建煌總是會特別加重語氣提到「定位」二字，而相較於目前大部分台灣頂尖大學機構仍以研究型大學自許，北醫大則是從培養人才的角度回頭思考辦學定位，於是更加強調「能夠解決問題」的影響力，定位自己要成為創新型大學。

「在過程中，我讓很多人一起討論什麼是創新型大學，後來大家的共識是，創新型大學必須注重解決實際問題的教學研究、教學生怎麼解決問題、有能力產出領先或創新的研發成果，」林建煌說，「只有具備由零到一、絕對創新性的研究成果，才有辦法產業化，創造更大的價值。」

定位清楚了，打造未來所描繪的藍圖也更加精細。

增加誘因，鼓勵老師投入產學合作

二〇〇三年，北醫大成立創新育成中心，隔年便首開風氣之先，大幅調整產學研發收入分配比例，研究團隊可獲得七成，學校只收取三成，鼓勵學校老師投入產學合作。

二〇〇九年，北醫大建置創新育成中心的產學專責單位——事業發展處，直接與產業需求接軌，同年更成立台灣第一個一校三附屬醫院聯合人體試驗委員會，也是唯一一家成立人體研究處的學校。

「臨床試驗是可以創造產值的事業，特別是在醫療生技產業發展脈絡中，人體研究處的成立，就是整合學術研究與醫院臨床的宏觀布局，」持續推動產學合作與創新創業的林建煌，腦海中有非常清楚的邏輯。

二〇一四年，北醫大成立台灣第一家由學校擁有的校外全資控股公司，這讓北醫大的創新創業能量有更寬廣的發揮空間；再加上，近兩年成立的數據處，為北醫大達成創新目標的努力提供更大的能量。

未來世界需要更多創業家與夢想家

「過去幾年，所有人在談創新時，總是不忘把創業也連在一起討論。在北醫大體系，創新創業是被鼓勵的，但並非每個人都要離開體系、自行創業，體制內創業也是一種選擇，」林建煌舉例談到，「像是高階健檢、如何快速應變創新防疫等，一般醫療體系的醫師多半不太有機會思考這個方向，但在北醫大體系，這是另一種創新創業的可能。」

更重要的是，「創新創業只是過程，社會影響力的擴大，才是北醫大成為創新型大學的最終目標，」林建煌強調，「未來世界需要的是跨領域人才，而北醫大要培養的不只是生醫人才，將來還希望看到更多的創業家、夢想家。我希望有更多具有斜槓專才的北醫人，用不同的專業、理念與熱情回饋社會。」

醫界出身，也曾以創新商業模式成功創業，並帶領大型創投基金征戰國際的李祖德，看過許多國際級公司，但當他回頭投入母校改革時，剛開始也不禁感嘆：「台灣教育機構是不重視人才培訓的。」

融入人文精神，引領生醫創新路

為強化創新思維，北醫大體系過去幾年推動更加深化的培訓，從醫院到學校，每一個層級都有類似共識營的培訓計畫，在擔任北醫大董事長期間全力推動人才培訓工作的李祖德說：「我們建立的是一個有安全感的組織文化，透過高度討論形成共識，學校、學院、醫院、科別，每個層級都有自己的共識營，調整每一個人的羅盤指針，對齊到共同前進的方向上。」

不僅如此，在建立方向的過程中，李祖德堅持：「沒有人文思想的醫學教育只會教出醫匠，而北醫大要培養的是醫師，所以我們堅持要有廣闊的博雅教育。」

在這樣的基礎下，北醫大成為第一所設立人文暨社會科學院的醫學大學，而這與創新也息息相關。

「好的創新必須要有博學能力做為基礎，」直到今天，李祖德在評估創業團隊時，人文思想與博學能力始終是他最看重的能力項目之一，「因為要夠博學，才可能從單一的研究題目中找到更大的創新空間，不是為特立獨行而創新，而是為產業新發展的可能而創新，所以在評估標的時，我們會用這樣的標準，去看他們是不是夠資格被更多人支持認同。」

打造適合與創投、產業接軌的環境

在李祖德主導下，北醫大還針對衍生新創公司提供如何與產業鏈結、如何與資本市場對話展開實戰培訓，像是邀請產業專家進行技術加值諮詢、輔導技術商品化等課程，甚至包含十五秒電梯簡報制勝術等。

「我來自企業，也有過創投經驗，我的想法就是要讓北醫大成為一個最適合與創投、產業接軌的環境，有各類型的創新育成環境，而我自己下來當教練，教他們怎麼組團隊、怎麼去跟投資人說話，」李祖德細數培訓北醫大創業團隊的過程。

更進一步，李祖德點破團隊提案的盲點：「你不僅是要說服在面前跟你說話的這個人，還要說到他回去幫你說服那些出錢的老闆。」在他的帶領培訓下，北醫大第一家拿到創投資金的二鼎，首筆到位資金就是五億元。而北醫的創新創業培訓計畫不只關注醫師與老師的研究團隊，這幾年更進一步向下扎根至北醫大的學生。

排定課程，建立人工智慧基礎

二〇一八年起，北醫大跨領域學院開設程式設計為必修課程，二〇一九年又再新開人工智慧導論為必修課程，同年更授權各學院開設ＡＩ＋Ｘ人工智慧進階應用選修課程，例如：醫學系開設的人工智慧醫療等，如果三門學分都修習完畢，就完成北醫大的人工智慧微學程。

以北醫大每屆學生約在一千人左右的規模，等於北醫大每年可以培養出一千位具有人工智慧基礎能力的生醫人才。

四年前甫接任校長就推動開設人工智慧微學程相關課程的林建煌，對於培養跨領域創新人才有長遠的布局眼光：「教育是為未來而教，應該要走在產業與社會之前，人工智慧已然是大勢所趨，透過這樣的課程，可以讓學生具有跨領域的能力，進一步激發跨領域創新的機會。」

實戰模擬，鍛鍊跨界創新能力

事實上，北醫大的跨領域學院還提供更進階的人工智慧課程與創新創業實作工作坊課程，讓學生進一步培養更多元的跨界創新能力。以近期的成果來看，在一〇九學年度大專校院創業實戰模擬學習平台競賽中，北醫大共有二十三個團隊參加，就有十二個團隊入選。

「不管將來是否創業，體會創業團隊的運作過程，對學生都有很大的幫助，」林建煌指出，「北醫大提供學生創新育成的空間，三、五個人就可以組成一個團隊，成員可能來自不同科系或學院，只要申請便能有一個共創空間，還有老師指導他們，如果這些學生將來真有機會創業，等於在學校就已經先找好了團隊。」如此一來，便能節省許多摸索的時間。

值得一提的是，除了在校內培育人才，北醫大想得更多、更遠。

「讀醫學院可以當醫師，進入北醫大體系可以投身醫療服務，但透過跨領域的博學訓練，北醫大想的不只是獨善其身，而是兼善天下，培養出更多斜槓生醫創新創業人才，」林建煌說。

看見疾病對生活的影響

目前北醫大共有二十六家創新創業公司，包括：二十家北醫大衍生新創企業、六家由北醫大與外部夥伴共同合作的校有公司，此外還有超過二十個團隊正在育成準備中，其中三家已進入成立公司前的籌備階段。

北醫大衍生新創公司之一的維致生醫，創辦人暨執行長楊維中於美國求學期間，在美國大學校園蓬勃的創新環境下，不僅取得博士學位，也與他的指導教授共同申請了多項發明專利，並且學習到生技創業的發展模式。回到台灣進入北醫大體系擔任教職，在北醫大鼓勵創新創業的活潑氛圍下，讓他有了更寬廣的舞台。

楊維中團隊從二〇〇三年起就投入子宮內膜異位症研究，而後更發展成針對子宮內膜異位的體外檢測試劑研發。身為女性的他，對女性健康之於社會公共利益的影響有深刻的體會與觀察。

他發現，門診中許多因為經痛困擾或生育問題求醫的女性，其中很高比例是罹患子宮內膜異位症；而他深知，這項疾病對一般女性正常生活有很大的影響，並非只是能否孕育下一代的問題。

生理、心理都必須照顧

「子宮內膜異位症目前需要用侵入式腹腔鏡手術進行診斷，醫師在檢查過程中也會同時移除沾黏在卵巢等器官上的組織並進行化驗，才能確診；除了手術風險，對於因不孕求醫的婦女，侵入式檢查不僅造成身體不適，且手術後也可能會再復發，對他們帶來心理上的陰影，」楊維中說。

他看過太多類似案例，許多女性為了想要生小孩或嚴重經痛求診，而一聽到要手術才能確定病因常會為之卻步，選擇「先吃中藥調身體，看看再說」；又或者，直接放棄腹腔鏡檢查，改採以荷爾蒙藥物治療，讓身體呈現停經狀態，但也因此帶來各種類似更年期的不適症狀。

若說子宮內膜異位症可能干擾折磨女性的正常生活，恐怕也不為過。手術檢查會有風險，藥物治療雖能減緩經痛症狀，卻治標不治本，且病人還得承受藥物帶來的副作用。楊維中就感嘆：「有些事業成功的女性，不但考慮工作而延緩生育計畫，又因這個疾病對生活造成非常大的影響，最後乾脆選擇直接開刀切除子宮。」

為患者創造更多選擇的機會

維致團隊的研究創新，就像是為這群在黑暗中摸索病因的女性點亮一盞燈。透過抽血進行生物標記檢測，能在子宮內膜異位症發展早期，便測得可提供醫師診斷子宮內膜異位症的依據，也可做為調整藥物治療的參考，避免疾病在體內持續發展惡化，導致不孕的情況。

楊維中說：「多一個體外檢測的方法，可以讓深受這項疾病之苦的女性多想一想，透過方便及有效的診斷與治療後追蹤，也許就不用摘除器官，有更多選擇空間，給自己保留未來想孕育子女的機會。」

事實上，楊維中除了看到女性健康問題牽涉到的生育率、少子化、女性社會參與度等公眾議題的影響，他同時也在其他國家看到體外檢測試劑的必要性：「在中東等國家的女性對於看婦產科是很抗拒的，如果可以透過抽血檢驗婦科相關疾病，將會非常有幫助。」

楊維中長期投入子宮內膜異位症及女性生殖醫學研究，所獲得的成果，讓他及其團隊獲得國家發明金獎及國家新創獎的殊榮。

在正式成立公司的前兩年，楊維中與其團隊在北醫大及科技部計畫支持下，評估了解研究主題未來商業化、國際化的可能，包含法規面、市場面、營運面等，而「由於有專業協助評估，讓團隊在最後面對『做？還是不做？』的決定時，能夠下定決心、全力一搏，也讓維致生醫成熟的創新研究與生醫業務模式，在募資初期就吸引五千四百萬元資金到位，」楊維中說。

三足鼎立，結合創投、技術與臨床

在二〇二〇年十二月底掛牌興櫃的三鼎，在北醫大體系內經歷了產業技轉、創業育成、衍生新創的完整歷程；而在北醫大的創新育成體系下，歐耿良在二〇〇六年就曾為北醫大創造當時最高金額的技術授權一億五千萬元，而從二〇〇六年到二〇一四年，前後共計進行了八項技術授權，為北醫大創造超過數億元的授權產值。

創立三鼎後，歐耿良幾乎沒心思想創業有多辛苦：「走到資本市場上，除了產品化，也要接受市場的檢驗，挑戰更大；以前在學校就是受聘的研究者，但創業之後，要照顧員工、要對股東負責、要盡到社會責任，這都是跟過去不同的經驗。」他的感受，正反映出一位從校園走向世界的創業家的心路歷程。

但同樣面對考驗，相較於其他生技公司，出身北醫大創新創業體系的三鼎有什麼優勢？

面對這樣的提問，歐耿良分析：「在北醫大體系中，從研發創新、產研合一到臨床試驗，北醫大的臨床資源是最強力的支持，因為所有生醫技術商品化都需要臨床試驗，而台灣生醫創新體系中最大的優勢之一，就是台灣醫院臨床試驗是被國際認可的。」

也正因為如此，當初公司名稱三鼎所投射的意象，除了是公司核心技術3D生物列印外，更代表了「三足鼎立」，指的就是「創投、技術團隊、北醫臨床」的關鍵組成。

樹立改變世界的永續影響力

教育是志業，百年樹人大計背後是不論付出的奉獻，也是持續為社會帶來創新貢獻的承諾。走過早年的挫折困頓，北醫大在改造重整的過程中，一路支持著團隊堅持改革的初心，就是對教育志業的永續承諾。

北醫大用二十年時間，以「靠自己創造資源」的信念，透過研究創新、技轉授權、創新育成、創新創業等策略布局，為北醫大累計帶進數十億元的資金活水，更透過一步步的組織改造，讓北醫大一路長成今日創新創業風氣活潑多元的樣貌，培育出多家各具特色的新創公司，讓學術研究與醫療服務的影響力不再只限於實驗桌與病床，更進一步走進產業與社會人群。

對於北醫大在創新創業所投入的資源與布局，林建煌說：「北醫大是社會公器，所有的資源獲利都是為了對社會做出更大貢獻、創造更大的影響力，包含社會影響力與經濟影響力；當新創企業成長壯大，為社會創造更大的經濟價值，連帶創造就業，未來北醫大體系所培育的人才就會有更寬廣的發展空間。」

二〇二〇年，林建煌宣布，北醫大將從研究型大學邁向創新型大學，學校定位也將在「以醫學教育為本、以生醫臨床為用」的基礎上，提升至「具有影響力的創新型大學」。這是北醫大蓄積能量後，向世界展現的自信與承諾。

一路走來，北醫大持續為學生、校友、老師、產業創造更多跨域合作的機會，無形中也為自身帶來更多創新蛻變的動能。

如同李祖德所說：「教育離不開資源，而教育機構要靠自己創造資源，我們不是化緣的人，我們是靠自己創造資源的人。」北醫大花二十年時間鋪建的，不是一條沿路托缽的化緣路，而是從實驗桌、病床到產業的黃磚路。

04

掌握數據力 才有影響力

陳慧玲——文

數字不會說話，唯有人才可以詮釋。大量的研究資訊經過資料科學精鍊，轉化為數據，甚至能夠推動政策改變，造福社會。

數據資料是未來世界數位經濟發展的重要能源，如何使用數據資料發揮更大的影響力，不只是在經濟層面的考量，更關乎整體社會公眾利益。

大部分數據來自於個體活動所產生，也因此，有許多人討論數據資產權利的歸屬，但從更宏觀的層面看，或許數據不應該只以私有化資產的經濟利益來考慮，對於取得數據之後如何活化應用，進而創造更高的群體效益，也是投入數據應用創新必須思考的課題。

由資料累積應用所產生的數據力，可以進一步轉化為更大的影響力，如同所有科學發展的軌跡，在高效運算、雲端運算、人工智慧等科技逐步成熟後，數據資料科學已然進入另一個新的階段，面對龐大且還在不斷生成的資料數據礦藏，如何透過更有效率的工具開採應用，進而成為改變世界的動能，正是許多人現在努力的目標。

然而，有一所私立大學，二十多年前即從數據研究出發，在還沒有「資料科學」這個名詞的年代，就以持續累積的資料研究做為基礎，推動多項改變台灣社會的行動，從騎機車強制戴安全帽到三年推動一萬家餐廳轉型為無菸餐廳等項目，在台灣社會發展過程留下深刻印記。

拯救人命的數據力

好的醫師可以搶救人命，但善用數據力改變社會，可以拯救更多生命，讓許多家庭得以圓滿。北醫大，正是這所嘗試用數據力改變人們生活乃至國家政策的學府。對他們來說，以這種方式推動社會進步，不僅是校務發展的願景，更是逐步實踐、持續進化的使命傳承。

北醫大前校長邱文達曾在接受訪問時提到：「當一個神經外科醫師，終其一生頂多為五千位病人做手術，但推動立法強制要求騎乘機車佩戴安全帽，一年就可能救回三千條因為未戴安全帽而在車禍中失去的生命。」

多挽回一條命，多救贖一個家庭。這是身為醫者的大悲大願，也是北醫大體系踐行數據資料研究價值、進而發揮巨大社會影響力的實證。

投入腦外傷研究多年，「騎乘機車」、「腦部損傷」、「安全帽」這幾個因素早已引起邱文達的注意，於是他匯集多年蒐集的交通事故頭部外傷照片與資料，成為超過數萬筆資料的頭部外傷資料庫，並以此進行深入研究，他發現，「騎乘機車未佩戴安全帽」是造成台灣交通事故死亡的重要原因。

找到癥結，邱文達開始積極投入推動騎乘機車強制佩戴安全帽的立法作業，而累積多年的頭部外傷資料庫研究，也在雜音不斷的推動立法過程中，成為溝通多方歧見、消弭外界雜音、進而成功立法的關鍵之一。

一九九七年，台灣全面實施騎乘機車強制佩戴安全帽，隔年因未佩戴安全帽的交通事故腦創傷死亡人數即較前一年下降三三%；五年後，台灣機動車事故死亡人數從一年七千人，下降至二〇〇三年的兩千九百一十一人。

安全帽、機車騎士、腦部損傷，這些原本各自獨立的變數，透過科學研究方法，讓各因子之間的關聯作用逐 浮現，資料數據在其中扮演的角色，成為堅定行動的信念，串連各方力量的橋梁。

提煉數據，推動政策改變

從道路安全、公共衛生、疾病防治、影像醫學到精準醫療等項目，北醫大的資料數據創新研究範圍愈走愈廣，組織策略與科技投資布局更是與時俱進，再加上與新創團隊跨領域的研究合作，讓近年來北醫大研究成果備受矚目。

事實上，資料數據研究的價值，不在於形塑強化一般人認知中的「事實」，而是針對事件中的多項變數因子進行探勘、剖析、驗證、推演，進而提煉出更具價值的研究發現，特別是針對公共議題的研究，更可能成為政策及時調整的參考依據。以過去兩年衝擊全球的新冠肺炎疫情為例，台灣獨特的防疫成果表現，無疑是值得與其他國家分享的經驗。

二〇二〇年全球新冠肺炎大流行以來，北醫大公共衛生學院副教授高志文等人利用大數據投入新冠肺炎研究，已陸續發表三篇高引用學術研究。其中一篇為全球頂尖醫學期刊《內科醫學年鑑》（*Annals of Internal Medicine*，IF：25.4）接受，以歷年來台灣標準化死亡率數據做為研究指標，獲得兩大發現：

第一，台灣二〇二〇年標準化死亡率，特別是肺炎和流感死亡率，不僅未因疫情升溫而增加，甚至顯著低於歷史預測值。二〇二一年年初，衛福部部長陳時中也在一場疫情記者會中，公開引用這項研究做為說明。

第二，同一年度交通意外死亡率略增，與長期台灣交通意外死亡人數緩步下降的趨勢不同，可能與疫情期間民眾減少搭乘大眾運輸設施，轉而以個人交通工具移動等因素有關。

「過去一年，台灣成功抑制病毒在社區擴散，而全民戴口罩、保持社交距離、限制社交活動等防疫措施，不僅未出現其他國家在新冠肺炎大流行期間出現超過疫情而直接或間接導致過多死亡（excess deaths）現象，又帶來標準死亡率降低的外溢效應，顯示這些防疫措施不只有助對抗疫情，也對人民健康有正面助益，」高志文在研究結語中談到。

「過多死亡」是指暴露於某種風險因子的死亡數減去在一般歷史趨勢背景值下的死亡數，所得數字便是因暴露在這項有害風險因子下造成的死亡數，可以做為檢視健康風險因子（包括：環境有害物質、新冠肺炎等傳染病生物性傳染源，以及抽菸等生活習慣的風險因子）影響人群健康程度的重要指標；至於交通意外死亡率上升的研究發現，則可做為未來調整防疫公衛政策的參考。

這些成果，代表的是人口學與衛生統計大數據的力量，也帶出北醫人的努力與自我期許——在全球疫情期間，公衛人透過學術研究盡一己棉薄之力。

革新觀念，引領社會進步

過去二十多年，隨著數據資料的多元化、豐富化、海量化，北醫大活躍的研究能量持續對政策與社會展現實際影響力。

北醫大傷害防治學研究所教授白志偉在二〇一九年發表「行人逆著車流走更安全」的研究，便是其中一例。

他以二〇一一年至二〇一六年台灣國家交通事故數據資料庫與醫療機構數據進行研究，發現這段期間，共計有一萬四千三百八十二位行人遭汽機車碰撞，其中有一萬零七百四十九人是順著車流行走，只有三千六百三十三人是逆著車流行走，而在沒有人行道的路上，行人若順著車流發生事故的死亡率，更比逆著車流行走高出一．二倍。

這項研究不只以台灣開放數據資料為基礎，更與歐洲、美國研究者進行跨域研究合作，並在研究結論中建議，所有國家都應推廣與鼓勵行人在沒有人行道的道路上逆著車流行走。

在台灣，這項研究也獲得交通部與地方政府認同，儘管至今仍未立法強制行人遵守，但過去幾年已積極宣導推廣行人靠左走、逆著車流走的概念，提高行人用路安全。

分析研究，阻止社會倒退

除了推動社會持續前進發展，學術研究有時也必須成為及時阻止社會倒退的關鍵力量。

機車是否要待轉，便是其中一個值得討論的話題。

曾有機車族串連，要求取消路口機車待轉區，也有少數地方政府為順應民意而取消部分待轉區的設置，但北醫大研究團隊透過研究二〇〇三年至二〇一五年的警政署交通意外事故數據與健保資料庫數據發現，未經待轉區而直接轉彎的機車若與直行車對撞，死亡率達一．三九%、重傷率更高達二〇%，其中可能傷及性命的頭部、頸部、胸腹部創傷機率更是較一般高出許多。

於是，北醫大用數據說話，呼籲應持續設置機車待轉區，以降低因此導致的交通事故死亡風險。

從問題中找問題

除了長期在公共衛生、傷害防治等攸關社會整體利益的領域投入龐大的研究資源外，北醫大更持續針對特定議題進一步發掘問題，做為推進未來研究的基礎。

過去已有多項研究發現，空氣汙染與多項疾病相關，其中包括不同類型的呼吸道與心血管疾病死亡率。全球流行病學研究就指出，空氣汙染與心肺疾病急診住院率與死亡率，都具有統計學上的顯著相關性，而美國每年因長期暴露於空氣汙染而導致心肺疾病死亡的人數約為六萬人。然而，除了眾人熟知的面相，問題背後，是否還有其他不為人知的故事？

從問題中找問題，也是讓數據力發揮影響力的關鍵。

譬如，長期以來，尚未有探討睡眠呼吸障礙與空氣汙染之間的相關研究。在已知中探索未知，需要更加大膽假設、小心求證。

北醫大在校長林建煌帶領下，與胸腔醫學研究團隊共同投入，以一百五十位鑄造業作業人員為對象，讓受測者佩戴智慧手環進行數據蒐集，再由醫院遠端監測分析睡眠狀況、自律神經系統狀況、心律變化，以及每日活動量等數據。在鑄造電焊作業過程中，由於必須進行電焊連切與切割等過程，產生的PM2.5濃度達兩千一百微克至兩千五百微克之間，較規範標準高出六十一倍。

研究結果顯示，一百五十位受測者平均睡眠時間為六・六小時，低於一般人的七・五二小時，且在睡眠過程中，受測者清醒次數達二十二次，代表他們較一般人更容易醒來。

此外，鑄造電焊作業人員尿液中的壓力荷爾蒙血清素與皮質固醇皆顯著較低。負責這項研究的北醫大呼吸治療學系教授莊校奇指出，由於血清素和皮質固醇是睡眠循環的重要調節因子，尤其皮質固醇與腎上腺分泌調控有關，因此，透過這項研究結果可推測，PM2.5影響睡眠品質與身體壓力荷爾蒙血清素、皮質固醇變化有關，因為有害的懸浮微粒會造成身體慢性發炎、增加身體氧化壓力，進而改變腎上腺分泌調控，影響睡眠品質。

類似這樣「更進一步」的研究發現，現在看來只是一小步，但在積沙成塔、日久見功的堅持下，卻可能是牽動未來發展的關鍵一大步。

探勘跨域數據庫

放眼台灣的大學機構發展歷程，北醫大曾創下許多第一，例如：設立人體研究處（簡稱人研處）、成立一校三附屬醫院的聯合人體實驗委員會、設置校級單位數據處……，無一不是首開台灣高等教育界先河；甚至，二十五年前成立的醫學資訊研究所，率先結合醫學教育與資訊科技，不僅是台灣第一，還是亞洲第一。

「這些『第一』幾乎都與未來創新影響力有關，而對於創新所需的基礎建設，如何促進研究與創新能量的累積，更是未來成長發展的首要之務，」北醫大校長林建煌說，「我們早就看見臨床試驗對於學術研究、醫療發展、生醫創新的重要，因此一步步布局，到二〇一九年成立數據處，便是整合統計中心、校務研究中心、臨床研究資料庫，打造北醫大體系的數據神經中樞系統。」

更深入來看，從人研處到數據處，對北醫大體系來說，其實是一脈相承的演化之路。

「我們為了推動臨床研究而成立人研處，現在成立數據處，則是因為我相信，數據就像一座礦山，但空有寶山卻不懂得開發應用，如同坐吃山空；必須找到方法開採，而數據處的責任就是探勘採礦，」林建煌說。

接下這項「開採」任務的北醫大數據長許明暉，掌管的是北醫大體系一校六院的校務系統與醫療臨床數據，再加上與衛福部合作建置的健保資料加值應用協作中心。

在此其中，單僅醫療臨床數據，就涵蓋三百六十五萬個病患的所有臨床醫療資料，包含健保或病歷等結構化資料，以及海量規模的醫學影像檔案等非結構化資料，再加上北醫大過去持續與國際機構合作建立的開放資料連結，讓北醫大所擁有的不只是一座在地數據寶庫，更是手握隨時可跨越地域限制開採應用的跨域數據礦脈。

轉譯連結，成為價值創新的基地

「數據處提供了一個平台，讓所有研究者可以在這裡找到需要的研究數據和科技工具與方法，」許明暉用一個比喻來說明數據處的工作：「這裡可以是倉庫，也可以是農場，更可以是加工廠，如果有人要煮一道佛跳牆，來這裡可以找到食材，如果倉庫裡沒有香菇了，我們可以去農場摘新鮮的香菇回來，還提供烘乾的技術，讓香菇入菜之後的香味更濃郁。」

二〇二一年八月，數據處改組，設立四大中心，包含原本功能合併的健康資料加值暨統計中心、校務研究中心、臨床數據中心，同時新成立生物資訊中心，納入國際開放資料庫，如：美國癌症基因圖譜計畫（The Cancer Genome Atlas, TCGA）、國際觀察性健康數據科學與資訊學聯盟（The Observational Health Data Sciences and Informatics, OHDSI），再加上台灣人體生物資料庫、台灣精準醫療計畫等，讓北醫大的數據資料礦藏更加豐富。

以台灣精準醫療計畫為例，北醫大負責其中規模達五萬人的資料蒐集與研究，建立專屬台灣人的基因健康數據資料，進而透過發掘國人常見疾病的風險因子、藥物不良反應等問題，以數據科學與人工智慧工具發展精準醫療服務。

要能夠完成這項工作，除了數據本身，更要有開採數據的技術與專家人才，就連數據處本身，也在持續進行不同技術的人工智慧演算法應用試驗，從自然語言處理到聯邦學習等，在這裡都看得到落地導入的數據加值創新場景。

如果拿講故事做比喻，會說故事的人，不一定知道數據在哪裡；有數據的人，不見得就能說出一個好故事。北醫大數據處所扮演的角色，是整合各方資源的平台，也是開啟更多故事的轉譯連結點。

幫學生找到未來方向

除了在二十五年前成立醫學資訊研究所，北醫大後來也陸續在管理學院成立大數據研究所、在醫學院成立人工智慧醫療碩士在職專班……，透過開設跨領域的科系學程，讓更多學生能夠搭上這波由數據啟動的人工智慧創新趨勢。

甚至，北醫大自己要掌握趨勢，也要幫學生找到未來的方向。

「北醫大透過校務資訊系統加上臨床數據，為學生提供深入的適性分析，再加上學生自我評分，建立更精準的能力發展參考模型，並依系統分析結果，調整學校科目學程，提供跨領域的科目學程訓練，讓北醫大的學生憑藉科學分析結果選讀需要的科目課程，以建立更多元的核心能力，」林建煌說明。

北醫大這套系統的做法，與美國史丹佛大學讓學生「設計自己主修」的概念類似，這是真正理解數據價值的北醫大團隊，希望通過數據創新在人才培育上創造的影響力。

承擔主導北醫大教育、醫療、創新發展之責的林建煌，對於從數據到人工智慧很早就有清楚的認知，總是不忘提醒「No Data, No AI」，強調：「一定要有數據才能發展人工智慧，而且必須要有高品質的數據，所以，數據處是基礎，以臨床數據來看，包含檢驗數據、臨床影像數據等，都必須經過處理轉換，成為可投入實際研究創新的材料，讓北醫大體系老師與醫師申請進行研究。」

事實上，在林建煌為北醫大體系規劃的創新藍圖中，數據探勘之後，下一步是人工智慧。

從數據探勘、人工智慧到新創創新

二〇一九年，北醫大正式成立人工智慧醫療研究中心，過去幾年已陸續投入多項國家級計畫研究，包括：肺癌大數據精準醫療人工智慧系統、巨量影像資料庫建立應用、結合人工智慧與物聯網發展精準睡眠醫學等項目。

以巨量影像資料庫而言，便已經產生不少亮眼的研究成果，譬如，近期登上全球知名期刊《自然通訊》（*Nature Communications*）的一項病理人工智慧標注方法研究，就是由北醫大巨量影像資料庫團隊與新創公司合作的數位病理人工智慧研究成果。

這項研究，採用零細節標注零分割方法，透過數位化病理全玻片影像，將不再需要影像切割、標注細節，醫療機構可直接使用過去累積的大量玻片資料進行人工智慧模型訓練，大幅減少人工判讀工序，甚至比Paige等募資金額高達數億美元的美國人工智慧新創公司更具前瞻應用性。

在這種趨勢演進下，北醫大所建立的巨量影像資料庫逐漸成為孵育新創公司技術的平台，譬如，有新創團隊應用皮膚病灶影像資料加上人工智慧技術，發展出智慧醫療皮膚病灶影像辨識服務，辨識皮膚病灶並進行相關疾病診斷。

「北醫大人工智慧醫療中心的使命，就是要打造亞洲最具特色的人工智慧醫療中心，提供人工智慧研發沙盒生態系統，讓研發創新應用落地接軌，建立完整的人工智慧生態圈，」林建煌談到，「接下來要做的，是轉化成實質的研發工作，進而成為衍生新創公司。」

過往一般的研究，是「wet lab」，要做許多人體細胞實驗才能做出成果，但「有一種『dry lab』，指的就是數據，北醫大希望把這部分打造成生醫創新的下一個寶庫，」林建煌說。

正如林建煌所強調「創新是為了更大的影響力」，從生醫到人工智慧，北醫大不只掌握數據力，更讓數據力成為飛向未來的翅膀。接續二十年前的安全帽立法行動熱情，北醫大要用資料數據創新力，進一步轉化成為改變世界的影響力。

05

幫地球恢復應有的風采

邵冰如——文

DRAGON

人類行為改變環境生態，
消失的是綠水青山、芬芳泥土、花草清香……
逝者已矣，來者可追，
愈多人願意投注心力改變現狀，
愈有機會幫地球恢復曾經的生機盎然。

曾幾何時，我們的世界變得又熱、又擠、又多災。

部分五、六年級生的的童年記憶裡，曾有綠水青山環繞，腳踏芬芳泥土、風中傳來花草的清香……，但隨著世代推移，這樣的回憶幾乎難再擁有。地球應有的風采，難道再也回不去了？

一次次的天災與疫病發出警訊——地球生病了。這顆百孔千瘡的行星，恐已無法庇護全世界數十億人口的健康，當地球暖化的危機迫在眉睫，你我可以做些什麼？

幸運的是，已經有一群人意識到，過去無法挽回，未來可以改變，搶救地球還來得及。

世界綠能大學排行第四十七名

在寸土寸金的信義區，一所私立大學，走進校園便能看見大片綠意盡在眼前，從生意盎然的植栽，到各種綠建築規劃設計、校舍的節能減碳設施，在在彰顯對環保的重視。影響所及，包含師生與系所、社團，都在日常生活中以環保為念。

這裡，是北醫大，從校園走向社會的許多角落，展現對綠色永續的信念與責任。

早在十多年前，北醫大便已具有環保永續理念，長期推動廢棄物回收及環境教育，在硬體設施上採取燈光減量、雨水回收再利用等，並且在沒有政府補助經費下，自願推動「校園溫室氣體盤查」工作，二〇一〇年二月通過ISO14064-1: 2006（溫室氣體外部查證），成為全國第一所同時通過ISO14001、企業社會責任（CSR）及ISO14064-1的綠色大學示範學校。

這樣的努力，也不斷獲得肯定。北醫大在二〇〇九年獲教育部評選為全國十三所綠色大學示範學校之一，並連續在二〇〇九年及二〇一〇年，由台北市政府評定為「綠色採購標竿單位」，二〇一〇年獲得經濟部水利署「全國節約用水績優獎」及指定示範單位。

更難得的是，二〇一〇年北醫大榮獲世界綠能大學排行（GreenMetric World University Ranking）全球第四十七名的殊榮。

世界綠能大學排行是印尼大學結合國際間重要大學排行，發展出以友善環境之基礎建設做為指標的大學排名，評估重點包括：校園綠地比率、電能消耗、廢水與廢棄物處理，以及生態永續計畫實施成效等。

北醫大從全球兩千多所大學中脫穎而出，彰顯了高等教育學府對社會責任的真心誠意。

不僅如此，走出校園，北醫大的雙和生醫園區，也朝著綠色永續的社會責任邁進，不但雙和醫院通過「綠建築標章」認證，雙和校區的生醫科技大樓、教學研究大樓與臺北癌症中心即將啟用的癌症大樓，也全面打造為綠建築。

在硬體之外，綠色永續的文化，也在北醫大經年累月推動中，深植在全體師生心中。

師生攜手為地球盡一份力

北醫大「LOHAS綠生活節能社」，便是學生實踐環保的典型代表。LOHAS的前身是在二〇〇五年成立的「節能宣導隊」，一開始的目標是希望透過隊員在校園各處宣導節能觀念，例如：在電梯口宣導「上下三層樓，多走樓梯，少搭電梯」；二〇〇九年四月，宣導隊更名為「LOHAS綠生活節能社」，服務內容全面擴大，關心的目標提升到全方位的綠色永續議題，號召全校師生一起為地球盡一份心力。

「我們的社員都是熱愛地球、關心生態和環保的同學，大家常一起討論如何用生活化又有趣的方式，把綠生活、節能減碳等概念推廣出去，也會一起關心地球暖化的議題，分享對搶救環境危機的看法，」LOHAS社長戴利安說。

更可貴的是，北醫大學務處也在其中扮演重要角色。

每學期學務處舉辦連續三天的「簡單綠生活節」，是LOHAS的重點活動之一，社員穿梭在各種環保攤位擔任義工，舉凡二手物品義賣、環保用品的介紹與製作，都可以看見他們熱情的身影。

此外，學務處還在現場設置舊衣修補工作站，把破損或將被淘汰的舊衣重新改造，讓看見的學生都大感驚奇，進而思考自己的舊衣是不是也可以改造出新風貌，無形間又推廣、落實了環保。

培養綠色生活文化

「原來，用這麼生活化的方式就可以打動人心、做到環保，」戴利安和LOHAS社員對於如何有效推動環保觀念，有了更深刻的認知，也更有信心。

在LOHAS的努力下，北醫大參與環保活動的師生年年增加，以二〇二〇年十月的「簡單綠生活節」為例，LOHAS全員出動，一方面在現場設計闖關、打卡和抽獎，還設立攤位教大家製作手搖杯提袋，現場擠滿了人，大家拿著自己親手做的提袋，決定再也不要用塑膠袋了；一方面跨社團合作，設置蔬食餐點、推廣惜食不剩食的攤位。

在輕鬆的活動中學習環保，無形中改變了人們的生活習慣，這次的「簡單綠生活節」也獲得教育部大專校院推行節能減碳競賽佳作。

走出校園，服務社區

走出校園，近距離與外界對話，是LOHAS的傳統，也是讓環保理念深入社區生活的努力。

重頭戲，是每年五月舉辦的「社區淨化日」。

選定一個週末，LOHAS社員便在北醫大附近的社區展開清潔工作，一方面協助周邊商家和住戶打掃環境，另一方面也向社區宣導，讓更多民眾認識節能減碳和搶救地球暖化的重要。

「社區淨化的過程中，社員們總是忙得滿頭大汗，但大家不曾喊累，只是對環境汙染感觸很深，尤其是社區裡隨處可見菸蒂，路樹下、水溝裡、盆栽上都有，周邊的公園、醫院和商店也有民眾亂丟垃圾，」甚至，戴利安談到社員的觀察發現：「有些地點的主要道路雖然看來乾淨，但一轉進巷弄，垃圾和菸蒂馬上多了起來。」

「愛護環境難道只是表面功夫嗎？」多位社員發出這樣的疑問，也不斷反省自己日常生活中的環保行動，是否也會不經意流於形式。

不過，除了來自真實世界的衝擊，走在親身實踐的路途上，北醫大的學生也感受到溫暖的回饋。

有些民眾非常稱讚LOHAS社員，一再道謝……

有的店家會主動提供垃圾袋、出借垃圾桶……

付出的努力更值得了。

「在大太陽下撿垃圾，雖然很熱、很辛苦，但聽到有人送上一句辛苦了，心裡好有成就感，也相信我們的付出一定會影響更多人……」LOHAS社員寫下自己的心得。

地球不該是人類的垃圾桶

除了肉眼可見的環境清潔，無形的地球暖化與地球永續議題，也縈繞在

LOHAS社員心中。雖然他們只是一般的大學生，但可以從自己做起，在日常生活中的每一件小事裡減塑、節能，不浪費資源。

二〇二一年春天，LOHAS社員共同觀賞影片《塑膠海洋》，大家感到震撼與心情沉重之餘，更驚訝原來生活中無處不在的塑膠，對地球的傷害這麼大，人類早已在不知不覺中成了海洋殺手。

有社員說：「在影片中，看到海鳥的胃裡發現塑膠碎片，甚至有出生不久的幼鳥因誤食塑膠而死，我覺得非常對不起牠們……」

震撼過後，他們開始思考，如何不讓地球繼續成為人類的垃圾桶。

從身邊的小事做起

「以前我不太關心環保，但在LOHAS才逐步發現，原來我們常在不知不覺中破壞了環境、浪費了資源，」戴利安開始留意生活中的點點滴滴，日常購物、吃飯少用塑膠袋或免洗餐具，在宿舍開冷氣時也知道要同時打開電扇，可以增加冷房效果，有助節能。

「這些雖然都是很小很小的事情，但只要我們肯做、肯改變，就是對地球盡一份心力，」LOHAS的成員以大一、大二居多，不到二十歲的年輕人，總是不忘這樣相互提醒，戴利安相信，「今天北醫大在我們身上播下的綠色種子，明天會跟著我們成長，散播到更多、更遠的地方。」

為守護家園而努力

LOHAS發揮團體的力量，在生活中推廣環保愛地球，北醫大高齡健康管理學系大三的簡劭丞則用另一種模式守護環境。他從八歲起便加入「鹿角溪人工濕地課程發展工作坊」的環境巡守隊，十二年來全力投入環教，希望更多人一起關心環保、守護生態。

新北市樹林區的鹿角溪人工濕地，位於大漢溪及其支流鹿角溪匯合處，當地原本是廢棄的垃圾掩埋場，長年的廢水與垃圾汙染河川，二〇〇四年，當時的台北縣政府展開整治作業，二〇〇七年闢建十六公頃的河川高灘地，以淨化排水工程結合水生植物，改善鹿角溪的水質，打造出適合動植物生態棲息的濕地生態環境。從此，這片人工濕地公園便成為民眾休憩休閒和生態教學的重要據點。

為了守護家園並推動環教，當地的樹林、柑園、大同、彭福四所國小教師，於二〇〇八年籌組鹿角溪人工濕地課程發展工作坊，成立「小小環境巡守隊」，帶著學生、家長和社區民眾走入鹿角溪濕地。

當時只有小學二年級的簡劭丞成為其中一員，在這個位於自家附近的天然生態教室裡，當起了小小巡守員。

「小時候其實不懂什麼是環保和生態，只是媽媽要他去參加一個『很好玩的營隊』，於是他在假日跟著老師到濕地巡守，一面撿垃圾，一面學著記錄和監測環境，包括：水質檢測、水棲生物調查和鳥類觀察，」簡劭丞直言，「其實，一開始，我只是為了有機會能光明正大和朋友一起去公園玩。」

從「好玩」變成「責任」

起初，只是童稚的玩樂心態，潛移默化之中，漸漸，關心生態變成一種放不下的責任。

「那時候真的只是為了玩，是後來愈做愈有興趣，老師教大家認識濕地的植物和蟲魚花鳥等生態，隊員們還會比賽和考試，看誰學得最認真、記錄得最清楚，」簡劭丞輕描淡寫說著，卻在談到濕地的一草一木、林間的鳥兒、水邊的昆蟲，變得格外認真，「我們有苦楝、水柳、大安水簑衣，公園裡常常看到喜鵲、小白鷺，晚上還有貓頭鷹……，每一個生命，都是我們人類的同伴，要和他們共存共好。」

那些年，在濕地公園裡，老師帶著小隊員們一起放風箏，鳥瞰空拍公園全景，還有大家圍在水塘邊觀看紅冠水雞划水的樣子：「水雞沒有蹼，划水時要靠身體的力量前進，所以會不停把頭往前伸，非常可愛。」這些「好玩」的記憶，讓他不知不覺愛上大自然。

從小學到國中，簡劭丞很珍惜這份巡守隊的工作，和夥伴們隨時留意公園中是否出現破壞生態的行為，如果發現外來種和強勢種動植物，便會馬上通報；同時，他也是鹿角溪濕地的小小解說員，用中、英文向到訪生態公園的遊客解說當地生態，提醒大家要重視環境與棲地保育。

就這樣，鹿角溪人工濕地逐漸成為簡劭丞生命的一部分，讓他放不下對環教的責任。高中三年，即使升學壓力不小，他依然積極參與人工濕地課程發展工作坊。

隨著年齡增長，簡劭丞擔負的責任也不一樣了，從學員轉換成助教和種子教師，跟著老師們編寫教案和學習手冊，也開始舉辦濕地闖關等活動，當起領隊或輔導員，帶領一屆又一屆的國中小學生去認識濕地、關心生態。

成為對環境有感的人

二〇一九年，簡劭丞進入北醫大就讀，兩個同樣重視環保永續的組合，自然擦出火花，強化了他對環教的使命感，也讓他想得更深、更遠，要把腳步邁向整個社會。

他先在人工濕地工作坊為學弟妹舉辦幹部訓練營，傳承多年來的環教工作經驗。還有二十位從小和他一起在工作坊長大的夥伴，現在都是就讀各校的大學生，大家對環教充滿熱情，常常一起聚在工作坊交流討論，要為環教注入更多創意活水。

隨著參與時間漸長，簡劭丞和夥伴們對這片陪伴他們成長的土地滋長了更多的認同感和榮譽感，一致認為：「要把鹿角溪推出去，讓更多人認識這個美麗又珍貴的濕地，進而了解生態保育的重要。」

他們的努力，引起公部門的重視，二〇一九年新北市教育局為推廣環教，特別選中「鹿角溪人工濕地工作坊」團隊合作，一起宣導如何透過教育把環保和永續的重要性傳遞給下一代。

簡劭丞成為工作坊的代表，站上第一線呼籲大家重視環教，並分享自己從小到大的經驗，提醒大家多讓孩子接近大自然，帶領他們關心生態，培養對環境的感覺，自然會有一顆愛地球的心。

「我常會不自覺關心環境議題，也很習慣在日常生活中節能減碳、少用塑膠袋和免洗餐具，提醒自己，舉手之勞就能對環境友善，」簡劭丞從參加營隊的小朋友，到推動環教的大學生，守護環境的心意一路帶領他成長。

曾有英國研究指出，全球每年約有一千兩百七十萬公噸的垃圾進入海洋，其中九四％沉入海底，海底垃圾平均密度為每平方公里七十公斤。世界經濟論壇推估，二〇五〇年時，海中垃圾將比魚還多。

二〇二一年六月，《自然永續》（*Nature Sustainability*）發表一篇針對全球海洋垃圾問題進行研究的文章，提到：大約八〇%的海洋垃圾來自陸地。對於這個現象，有一群年輕人早有覺察，並且努力做出改變。

從社團到個人，北醫大學生展現對環保的熱情，外籍學生也不例外，他們定期到福隆海灘撿拾垃圾，希望為搶救地球盡一份力量。

搶救環境沒有國界

外籍生淨灘活動的發起人，是意識與腦科學研究所博士班學生Elizaveta Parfenova。他是一個俄羅斯女孩，二〇一九年四月來台到北醫大攻讀博士，很喜歡台灣這座小島，食物美味、人民親切有禮，溫暖宜人的亞熱帶氣候更不同於他的家鄉，唯一讓他憂心的是環境汙染，尤其有一次出遊海邊，驚見海灘上堆積著大片垃圾，心情無比沉重。

「搶救環境是每個人的責任，不曾因為我是外國人而有差別，」Elizaveta

很關心海洋汙染的問題，他說，台灣的海灘很美，他很想為這片美麗的環境做點什麼。二〇二〇年六月開始，他加入了潛水團體在福隆海邊舉辦的淨灘行動，在海灘彎腰撿垃圾。

發現「我不是一個人」

活動中，有不少跟他一樣的外國人，大家的出發點都很單純，就是想為台灣的海灘盡一己之力。

「原來我不是一個人！」受到鼓舞的Elizaveta，從第二個月起，開始號召意識與腦科學研究所的同學，一起為留學生活留下一段有意義的經歷。

很快，Elizaveta的心意和熱情感動了同學們，自願參與淨灘的外籍生從一、兩個人，增加到十個人左右。

這些志願者來自印尼、印度、越南、西班牙、智利、愛沙尼亞，再加上一位台灣同學，每月一次前往福隆，沿著長長的海灘走上一整天，不停撿拾被海水沖上岸的塑膠袋、瓶罐、保麗龍，甚至還有漁網、漁具、鍋具和各種奇奇怪怪的日用品。

「有時候也會很無奈，彷彿永遠撿不完，還會遭遇別人的冷眼與袖手旁觀，」但Elizaveta說，搶救海洋是他對自己的承諾，他和同學們會持續做下去；而且，在淨灘過程中，他們也感受到很多台灣人的溫暖與善意，例如：當地的潛水團體常會教他們如何分類海洋垃圾，並幫忙集中處理。

學生教會老師的事

一次次的淨灘，讓Elizaveta和同學們發現，許多海灘垃圾來自台灣以外的國家，也驚覺原來海洋汙染是全世界共同的問題。於是，他們開始蒐集資料，互相分享，一起探究地球暖化的危機，也思考做為北醫大的一份子，要如何善盡社會責任，實現聯合國永續發展目標，以及未來如何把這些收穫帶回自己的國家。

Elizaveta與師長們討論，希望從研究所出發，先在所內推動環保活動，譬如，舉辦二手用品的交換，讓涓滴行動聚沙成塔，未來可以實現更遠大的目標。這份心意讓師長很感動，人文社會學院副院長、意識與腦科學研究所所長曾祥非更是大力支持。

身為所長，曾祥非原就關心這些外國大孩子在台灣的生活，得知他們自動自發去當淨灘義工時非常感動，也很意外外籍學生如此無私地關心台灣的環境議題，「他們教會我關心環境，我從他們身上學到的東西非常珍貴，也希望分享出去，讓更多人參與。」於是，他決心貢獻一份力量，贊助外籍生前往淨灘的來回交通費用。

關心環保的氛圍，在人文社會學院快速蔓延，院內許多老師開始推動環保觀念和行動，例如：全面取消提供一次性餐具、調整照明燈具以節省能源，老師們更自掏腰包添購可重複使用的杯子和餐具，大家也常在系所會議中提出各種方案，要把環保和永續的行動帶進教育現場。

內化成人文精神

曾祥非認為，「北醫大長年來致力推動聯合國永續發展目標，原是一種

『由上而下』的校方政策，現在則是演變為從學生到老師，形成一種『由下而上』的力量，顯然環保永續已內化成北醫大的一種精神，」曾祥非分享自己的觀察心得。

走過半世紀，北醫大結合醫學教育與社會責任，從硬體到軟體、從師長到學生、從個人到團隊，一步步把綠色永續的種子，從校園撒向全球，而且這樣的心意不曾停息，未來還會長成更多、更高的綠樹，在世界的每一個角落蓊鬱成林。

06

有些事就是要年輕的你去做

林惠君——文

TMU
i Colleg
TMU
i Colle

從青銀共餐到青銀共居，
一個念頭的改變，
年輕世代就能解決伴隨人口老化而來的社會問題。

人口老化的現象已席捲全球，《當世界又老又窮：全球人口老化大衝擊》（*Shock of Gray*）作者費雪曼（Ted C. Fishman）指出：「孩子愈來愈少，老人愈來愈多，世界各地幾乎都是如此。」

創新未來居住模式

台灣推估將於二〇二五年邁入超高齡社會，也就是每五位人口就有一位是老年人。面對不可逆的老化現象，老年人與年輕人是否能夠跨越世代鴻溝，相互扶持？

現代社會中，不少長者因家中孩子外出工作、喪偶等因素，只能老老相依或獨居，引發不少居住安全與身心健康的疑慮。為改善這類問題，國外在多年前便已開始提倡「青銀共居」的概念；在台灣，近幾年來有感於超高齡社會即將到來，也逐漸重視並大力推行高齡者照護相關政策，政府並推出「三峽北大青銀共居居住實驗計畫」等試辦方案，只是遲遲未能發展出一套完整、適切的制度。

俗話說「高手在民間」，一個異鄉求學的學子與在地長輩的故事，帶來了啟發。

來自生活困境的啟發

北醫大藥學系碩士班的黃珮宇，他在碩一新生時，曾於學校附近尋找租屋處，看中一間套房。然而，信義區的租金相對較高，必須自付學雜費與生活費的他，礙於預算，不得不打退堂鼓。

無比湊巧的是，北醫大自二〇二〇年起，試行「青銀共居」計畫，意外牽起他跟屋主朱阿姨的緣分，而朱阿姨的房子，正是他之前因預算考量而放棄的理想租屋處。

只要舉手之勞，年輕學生就能幫到忙

藥學專業的黃珮宇，經常協助朱阿姨整理用藥，順手將多餘藥品拿去藥局回收；在得知朱阿姨罹患皰疹時，他總是叮嚀朱阿姨，務必按時用藥和固定生活作息，並且不忘關注後續病程發展。漸漸，兩人培養出如同親祖孫般的感情，沒有血緣關係卻更勝家人。

二〇二〇年耶誕節時，黃珮宇特地在朱阿姨房門門把掛上一個給他的小禮物，讓朱阿姨倍感窩心。

「對長輩屋主而言，多個像孫子般的年輕人住在一起，遇到生活上無法自己解決的事情，有人可以就近協助，還能不時噓寒問暖；對學生來說，長輩需要幫忙做的，往往都是舉手之勞，卻可以讓自己降低部分租金負擔，又能拉近和房東的距離，獲得另一種學習與長輩相處的機會，不只是房東和房客、收租金和繳房租的關係而已，」黃珮宇分享他與朱阿姨同住一段時間的心得。

敦親睦鄰帶來靈感

這項由民間主導推動的青銀共居計畫其來有自，源頭是北醫大護理學院長期與社區長輩交流互動所建立起的互信關係。

二〇一三年開始，北醫人護理學院的高齡專業服務課程，規劃從大二到大三，透過四門課程，建構學生的專業心態與能力。因此，北醫大與信義區老人服務中心合作，由社工師帶領學生前往獨居老人家中，進行關懷服務，等到大二升上大三時，再由學長姊帶領兩位大二生一起進行家訪。

「某天，兩位學生因為前一堂課延後下課，導致錯過探視阿嬤的時間，他們在學校撥電話給阿嬤，卻無人接聽，兩人在課堂上如坐針氈，心急如焚……」北醫大學務長、護理學院教學副院長林秋芬回憶，「下課後，兩個學生衝去阿嬤家，沒看到人，找了好一陣子，才發現原來是因為阿嬤沒看到他們出現，就走到巷口張望，等他們到來。這兩位學生覺得對阿嬤很過意不去，當天就來找我提起此事。」

靈感，就這樣突如其來。

幫長輩營造外出的理由

「阿嬤可以走到巷口等，應該也能走到學校？」林秋芬獲得啟發，興起邀請這些獨居長輩到學校參加活動的念頭。

獨居長輩外出，需要一個好的理由。腦筋動得快的林秋芬當場決定，利用節慶的名義，邀請獨居長輩走出家門，進到學校，舉凡端午節、中秋節、冬至……，都是辦活動的好時機，甚至如果長輩不便自行出門，也可以由學生到長輩家中，帶他們去學校參加活動。

子女都在國外的楊爺爺，便是一個例子。他視力不佳，老伴過世後，剩下他一人獨居家中，便由學生去家裡帶他到學校參加冬至搓湯圓活動。

然而，仔細觀察參加活動的長輩，有人是當場很開心，但回家後面對空蕩蕩的房子又變得心情沉重，「因為又只剩下他自己一個人，」林秋芬開始思考，如何讓長輩開心得更長久。

活化熟齡生活

北醫大一年舉辦四場活動，但當熱鬧過去，老人家有三百六十天感覺心靈空虛。

林秋芬找上熱心的里長，希望他們協助學生，每週一天到社區舉辦活動，同時搭配幾位志工或非獨居的長輩，帶著獨居長輩一起在社區參加活動，而由學生設計的高齡者活動，他則還會請復健科醫師從醫學角度評估是否適合長輩參與。

有如嘉年華般的社區活動，反應愈來愈熱烈。近兩、三年來，更推出「加強版」，在上午活動結束後，再安排跟長輩共進午餐。

「我們發現，不少長輩身懷絕技，有阿嬤會寫書法、有阿公利用回收四色牌摺紙、有阿嬤以碎布做成各種動物造型的手指手套……」林秋芬想到，可不可以讓長輩們發揮所長、凸顯自己的價值？於是，他又在暑假開設「青銀共育」課程，由各有技藝的長輩擔任老師，換他們教導北醫大的學生。

打造跨世代居住新想像

有了這段時日的經驗與信任累積，北醫大開始規劃更多元的模式，提出居住規劃機制，建立資訊媒合平台，推廣未來創新居住模式。

例如，曾有位獨居阿嬤，因為身體不適，無法參加社區活動，等學生到阿嬤家中訪視才知道，阿嬤在浴室跌倒骨折，腳部腫脹，但他住在公寓三樓，無法自行下樓求診。後來，學生緊急聯絡醫院幫阿嬤治療，終於化險為夷。

另一個例子，是學生在日常家訪時發現，獨居阿伯家中的燈泡壞了，老人家怕跌倒，不敢貿然拿梯子修，總是等到所有燈泡都不亮了，才不得不請水電工來一趟。

學生們回報的獨老居家狀況，點點滴滴林秋芬都記在心頭，埋下他打造青銀共居計畫的種子，而更進一步滋長想法的，是他擔任學務長後，發現學校宿舍只有八百張床位，也就是約有五、六百位學生必須外宿。

媒合需求，讓需要幫助的人彼此互助

「有些學生需要找租屋處，但費用太高負擔不起；有些獨居老人家中有多餘房間，如果騰出來給學生住宿，減免一些房租費用，生活上可以有人照應，豈不是兩全其美？」林秋芬的靈感，促成北醫大學務處的青銀共居計畫，自二〇二〇年開始，與張榮發慈善基金會試辦，由學校利用手中四、五十位優良房東名單，媒合獨老與弱勢學生共居。

一個想法的誕生，同時解決了幾個不同的問題。

這項計畫不僅緩和並改善長者獨居所衍生的風險，透過學生替獨居房東提供服務的學習時數，例如：陪伴聊天、採買、運動、用餐、協助記錄基本營養狀況或基本照護與衛教等，還可以減免或補助弱勢學生房租，達到「青銀共居、共養、共活」的目標。實施約一年時間，有八位房東參與計畫，媒合成功四個案例。

不過，林秋芬談到，在與長輩房東洽談過程中，有些獨居長輩憂心：孩子或孫子過年期間回家，會不會沒地方住？但事實上，長輩家中多半不是只有一、兩個房間，其他空出來的房間就可以拿來出租。

實際試辦後，「獨居長輩看到學生就像看到自己孫子一樣，很高興，彼此在生活上也有個陪伴與寄託，」林秋芬相信，青銀共居的未來極具潛力，「有的房東考量學生較為單純，很願意加入計畫，甚至有房東阿嬤跟租屋的學生產生感情，學生即將畢業，阿嬤直喊捨不得。」

北醫大的青銀共居計畫仍在試辦階段，「我們會持續蒐集長者及青年學子共居的生活點滴及各項建議，相關試驗成果未來也可以提供給民間企業及租賃業者參考，」林秋芬期許：「希望可以把這種模式帶到一般租屋市場、銀髮及長照產業，大家共同努力，擴大推動為台灣跨世代共享的創新居住模式。」

科技，為解決問題而生

除了實際與社區長者互動，透過科技輔助，可以讓更多學生實際體驗高齡長輩在住家中可能面臨的情境，日後投入職場時，若要提供相關產品或服務，也能更貼近長者需求。

北醫大跨領域學院一樓教室，在高齡健康管理學系副教授林立峯帶領下，學生戴上虛擬實境（virtual reality, VR）眼鏡，可以實際體驗白內障、黃斑部病變或青光眼的「視界」，並有設定疾病程度輕、中、重的選項，例如：白內障的體驗，眼前像是近視般模糊一片，黃斑部病變者則是看出去的畫面是模糊或扭曲，程度嚴重者還會有黑影盲點。

這套「VR長照環境導覽體驗」系統是北醫大與必揚公司合作開發。在北醫大護理學院高齡健康管理學系的「高齡居住者環境」課堂上，以往只能在書本中呈現的場景，現在則能讓學生身歷其境。

學習與長者感同身受

「點一下箭頭，還可以選擇不同的住家場景，」林立峯指導體驗者操作，例如：客廳、房間、衛浴或廚房等，增加互動性，「這樣大家才能學到，高齡者可能需要哪些輔助設施，例如：滑動式的門就比傳統推動式的門方便輪椅使用者，浴缸內可電動調整高度的特製椅座則可方便長者坐在浴缸內沐浴。」

改善高齡居住者環境不再是紙上談兵，上課的學生都能深刻感受。

「之前老化體驗課程中的老花眼鏡，其實戴起來不是很有臨場感，」高齡健康管理學系學生楊雅軒就指出，「透過虛擬實境，模擬高齡者因老化或生病而導致的視野病變，進而感受在這樣的視野下和環境互動的困難，真的讓人對於高齡者的失能更加感同身受。」

找到落實想像的場域

「如果可以將VR老化體驗帶進社區或學校，就能讓社會大眾對於高齡者的難處更加有感，也會更加友善，」楊雅軒有感而發。

林立峯找到機會，落實了想法。

二〇二〇年，信義區健康服務中心在慈惠堂舉辦「高齡友善社區暨安全社區發表會」，其中一項活動是讓里長首度體驗這套VR系統，當場讓里長林美君不禁回想起過世多年的母親。

林美君擔任信義區中行里里長七年多，他的母親是糖尿病患者，導致腎衰竭及眼睛黃斑部病變等多重器官受損，臥床兩年後不幸辭世。

「戴上VR眼鏡後，當下體驗到媽媽生前的視角原來是如此情景，忍不住想哭，」林美君指出，以前無法理解罹患黃斑部病變的母親眼中世界究竟是什麼樣子，也很難想像他的生活有多麼不便，直到現在，母親過世八年，才透過這次體驗，讓他更認識與病魔奮鬥多年的媽媽。

同理心讓服務更有溫度

逝者已矣，來者猶可追。想到自己的里民，林美君提到，信義區有很多老舊公寓，尤其中行里老年人比率高達　九%，在里辦公室舉辦的老人共餐或肌耐力運動，固定有許多長輩參加，「透過這次體驗，讓我更有同理心服務這些高齡的里民。」

舉例來說，老人家在玩桌遊時，拿起紙牌，說自己有白內障，視野模糊、看不清楚，他可以感同身受地跟長輩聊上幾句白內障的困擾，長輩覺得有人能夠理解自己，心情也會寬慰許多。

再加上，VR系統中，有些場景涵蓋輔具或無障礙設施，林美君順勢傳達相關訊息給有需要的長輩或家屬，拉近跟里民的距離，里民服務也更有溫度。

虛實結合，幫長者融入科技生活

還有哪些做法可以拉近年輕人跟長輩的距離？藉由年輕人的創意，或許可以提出更多新點子，讓長者融入日新月異的生活。

北醫大跨領域學院開設的跨領域專題課程，鼓勵學生腦力激盪，發想與高齡者相關的創意，其中北醫大與台灣科技大學組成的團隊，設計出「當我們『曆』(live) 在一起」實體電子月曆，便獲得「史丹佛長壽中心設計競賽亞洲區大賽」優勝獎。

因為新冠肺炎疫情之故，為減少接觸，學生們無法登門拜訪高齡長輩，因此，北醫大高齡健康管理學系的學生便發想出友善高齡者的實體電子月曆，結合台科大設計系學生的設計，提出可以遠端分享每日行程與上傳照片的概念。

「國外因為疫情嚴重而封城，親友間無法登門拜訪，文獻也指出疫情對高齡者生活影響很大，尤其是跟子女分居的長輩，受限於避免人際接觸，子女無法親自探視，造成長輩有憂鬱的現象，」二〇二一年剛從北醫大高齡健康管理學系畢業的陳薇安說。

反觀台灣，「二〇二〇年疫情雖不如國外嚴重，但有些長輩提高警戒，為避免與他人接觸染疫，不太敢出門，連與親人碰面的次數也減少了，」陳薇安表示，愈來愈多高齡長輩與子女分開居住，若再加上疫情的隔閡，恐造成疏離感愈益嚴重，如何透過遠端串起並維繫家人間的情誼成為值得關心的課題。

讓人心不必感到焦慮

「我看到外婆家牆上掛著月曆，他常會用它來記錄行程，」陳薇安發想，實體月曆就像年輕人手機上的行事曆一樣，但長輩對手機介面不熟悉，如果硬要他們跟年輕人一樣使用手機行事曆，可能既困難也不會經常使用。

如果結合實體月曆和手機行事曆呢？融合傳統與現代科技，讓長輩跟上潮流，卻不用強硬改變既有習慣。

北醫大與台科大組成的團隊提出實體電子月曆的設計概念與模組，利用長輩熟悉的介面，加入簡單的科技元素，例如：可以查看子女照片、行程、留言等功能，讓長輩比較容易上手，避免為適應新事物不得其法而反倒感覺挫折。

「實體電子月曆提案的亮點是導入新科技，但不改變長輩舊有的習慣，」北醫大跨領域學院院長張佳琪認為，過去在高齡照護需要投注很多人力，但人力始終不夠，應該善用科技輔助長輩，而不是一味改變長輩的習慣。

「學生觀察到長輩舊有的習慣，在不改變舊有習慣的前提下，導入新科技，如果能將這個概念化為實際的產品，對長輩而言，應該會是很好的科技輔助工具，」張佳琪語重心長地說。

串連需求與商品

創意，必須能夠產業化、建立商業模式，才能可長可久。這一點，北醫大近年來相當重視，也落實在長照產業中。

「我們希望，學生在求學期間，就能學會如何將需求端的服務或產品與產業嫁接，」張佳琪說，「這正是北醫大跨領域學院扮演的角色。」

張佳琪踏入學界前，曾擔任護理師，在北醫大護理學院任教多年，相當了解產業與需求端對產品使用的落差。

以高齡議題為例，產業專門為銀髮族開發產品，上市後，長輩卻不願買單，原因出在「有些科技產品是改變長輩過去舊有的習慣，讓長輩將就產品，」張佳琪直指，「過去的產品，從研發到上市像是反向操作，跨領域學院希望扮演連結研發與企業的橋梁，從需求端到企業端，建立可將服務或產品嫁接出去的商業模式。」

他舉例談到，有兒童樂園、親子餐廳，為什麼沒有高齡友善餐廳或是老人遊樂園？又譬如，現在盛行的餐飲外送平台，為什麼沒有特別針對滿足高齡者需求的餐飲服務？「但這些需求是實際存在的。」

更進一步，韓國已經出現專門聘雇高齡者的公司企業，張佳琪預估，健康高齡者進入職場的趨勢，也將在台灣發生。

跨域合作，讓研究落實到產業

為敉平實際需求端與企業端的落差，跨領域學院近幾年來陸續與業界合作，例如，與家樂福合作推動食物轉型，另外也計劃與台灣人壽舉辦百歲人生大調查計畫，希望透過調查研究挖掘實務需求缺口，促成更多跨校、跨領域、跨產業的合作交流。

「北醫大要朝創新型大學目標邁進，自二〇二一年開始建立從需求到產業的生態系，從研究落實到產業，才能對人類社會有實際貢獻，」張佳琪指出，「過去針對高齡問題，學校有醫學、牙醫、藥學、公衛及營養學院的教學與研究，現在要透過跨領域學院及事業發展處，更進一步轉譯為產業需求。」

身兼物理治療師的林立峯也指出，「實務上，我們很難要求長輩自己每天準時量血壓，利用穿戴裝置等科技工具來做已是大勢所趨，可以自動偵測血壓、血氧等，蒐集這些大數據就可以進行人工智慧分析，做為健康促進和就醫時的數據參考。」

舉例來說，北醫與必揚科技合作開發的「VR長照環境導覽體驗」系統，就是從教學實踐研究落實到產業的成果之一，已可供北醫附醫石頭湯進行個管師及居家照顧專業人才培訓，協助長照產業轉型。

發揮創意，展現跨域影響力

這項VR科技應用，除了為產業帶來影響，也為教學帶來改變。

北醫大高齡健康管理學系自二〇二〇年起，全面導入智慧科技，例如：助理教授邱惠鈴便在「高齡者基本照護學實習」課程中，讓學生首度體驗智齡科技的「高齡智慧照護平台」。

「智齡科技將這個平台打造成一台附有平板電腦的照護推車，第一線的照顧服務員可以直接將被照顧者的生命徵象紀錄上傳到雲端，不必再每天手抄體溫、血壓等資料，」邱惠鈴指出，「以九十九人的長照機構為例，能夠幫助照服員節省每天量測老人家生命徵象的時間至少八十二分鐘，可以有更多時間專心關心或照顧長者。」

不僅如此，考量台灣長照機構以外籍照服員占據大半，系統介面涵蓋不同語言版本，包括：中文、英文、越南文及印尼文，從多種不同面向兼顧平台的實用性。

人的溫暖無可取代

符合高齡需求的創新科技產品可以輔助照護高齡者，但人與人之間的溫度始終無可取代。

對於青銀共居計畫，黃珮宇持肯定的態度：「希望等試行狀況較穩定後，能夠幫助更多同學找到優良房東與住所，可以心無旁騖地專注在課業上；同時，學生也要發自內心，把房東當成朋友般關心，適時給予協助，讓這個計畫能夠繼續推行，造福更多學弟妹。」

＊　＊　＊

諸多社會、經濟因素錯綜，台灣生育率在全球敬陪末座。生得愈少，老化的腳步愈快，兩個亟待解決的社會問題已橫亙眼前——獨居長者需要有人陪伴，年輕人需要解決住房問題。

年齡，可以只是一個數字，也可以成為改變社會的力量，高齡者與青春世代都在學習新的互動共處模式。

儘管人力難以扭轉台灣超高齡社會的趨勢，但透過跨領域的科技輔助，從青銀共餐再到共居的計畫，可以讓年輕人對長輩多付出一些心力，年長者可以更有尊嚴地生活，也可以為年輕學子提供協助，互惠共榮。

07

用飲食串連過去與未來

林惠君——文

原住民文化與土地高度連結，
飲食習慣更蘊含許多歷史流傳的因果，
語言詞彙、耆老的生活哲學……
重建原住民傳統飲食文化，
關乎歷史文化保存，更影響未來國民健康。

漢人有后羿射下九顆太陽的神話，其實，泰雅族也有英雄射日神話。傳說中，古代有兩顆大太陽，造成大地乾旱，泰雅族於是派出一位勇士，踏上射日的旅途。

然而，「天氣愈來愈炎熱，長路迢迢，在我有生之年，恐怕無法平安抵達……」認知到這個可能，勇士當機立斷返回部落。

與族人討論後，眾人認為，射日之事不能放棄，但任務艱辛，恐怕不是一個人就能完成。因此，再度出發時，勇士從孤身上路變成三人同行，並且分別揹著一個小孩上路，萬一勇士年邁無法抵達射日處，還有長大的孩子可以傳承。同時，他們身上還帶著耐旱作物小米粒，沿途播種，除備糧外，也能指引歸途……

神話，不只是神話

神話故事的結局是，大夥兒成功射下一顆太陽，太陽留下的血滴變成一閃一閃的小星星，流血過多的太陽則變成蒼白的月亮。

諸如此類的傳說，映照出原住民族在所生存的土地上，展現的群體意識、兩代傳承的樣貌與世界觀。然而，隨著經濟環境演化、交通變得便捷，原住民與土地、部落文化的連結逐漸斷裂。

甚至，飲食文化改變，加工食品、精製脂肪與油品，以及單一碳水化合物，在原住民飲食中扮演日漸重要的角色，導致原住民族健康惡化，而原本具有豐富營養的主食，如：小米，反倒愈來愈少。

重建原住民傳統飲食文化，對文化保存、國民健康，都是亟待努力的方向。所幸，近幾年來，位於新竹尖石鄉的原民部落，隨著部分泰雅族人的自我覺察，以及北醫大師生系統性地參與，讓泰雅族傳統作物小米回來了、傳統語彙也回來了。一場用飲食串聯過去與未來的原民傳統文化復興，正在開展……

部落主食怎麼消失的？

立夏過後，平地出現飆破攝氏三十度的高溫。來到新竹尖石鄉泰雅族的田埔部落，海拔爬升至上千公尺，溫度較山下略降；五月中旬的陽光灑滿山頭，山櫻花萌芽後開始播種的小米田，已長出青綠而狹長的葉子。山谷間一陣清風襲來，小米葉隨之起舞，在豔陽下不減活力。

這是泰雅族原住民芭翁（Pagung）歷經六年復育小米的成果。九宮格的小米田，混種少許玉蜀黍、芋頭、地瓜與樹豆。田中小米標示著不同名稱，來自桃園、宜蘭、南澳，適合釀酒、做為主食或醃肉……，編號多達四十個。

芭翁原是文史工作者，現在則是「小米媽媽」。不管風吹日曬，他總是穿梭在小米田間呵護他的「孩子」。這個轉變，源自小米媽媽七年前參加一場因應氣候變遷論壇帶來的省思。

二〇一四年，北醫大醫學人文研究所副教授林益仁接獲荷蘭友人邀請，與小米媽媽等原住民前往不丹參加國際高山族農夫大會，聆聽其他國家的高山原住民分享復育當地作物的歷程。

「當非洲國家的原住民展示瓶瓶罐罐的種子時，我能替自己的部落做些什麼？」已經當阿嬤的芭翁深受會場氣氛感動，返國後，他想起國中時曾幫著父親種植小米、品嘗過小米飯，還曾經在阿嬤的口袋、儲藏室看到很多小米種子……

這些以前看過、吃過的食物，為什麼都不見了？

「這樣的變化應該可以追溯到日據時代，」芭翁分析。

復育絕跡三十年的小米

早年，日本人希望原住民放棄原有燒墾、狩獵等生活方式，開始教導原住民種植水稻，漸漸愈來愈少人種植小米；發展至今，田埔部落轉型為黑柿番茄之鄉，在台北的每兩顆黑柿番茄中，就有一顆來自田埔。然而，原本是泰雅族傳統主食的小米，卻在部落絕跡三十年之久。

「林益仁老師在尖石鄉踏察逾二十年，他對原民的土地利用、傳統食物的主權思想給了我刺激，再加上一位文史工作者夥伴，直接寄來農業試驗所的小米種子。這下，不種不行了！」芭翁經過兩年思考，終於決定自己要做點什麼來改變現狀。

耆老不愧是耆老

不過，一開始，連自己的父親都質疑：「你根本沒有務農過，怎麼可能會種？冰在冰箱的種子會活嗎？」芭翁的想法得不到長輩的支持，那就換個方法：「我找姊妹幫忙燒墾土地，兒子則幫忙耕耘。」

然而，芭翁的父親只是嘴硬，背地卻常趁他不在田裡時，偷偷跑去巡田。然後，就被抓包了。因為他回家時，父親就不停問他：「小米是不是要除草了？是不是要趕鳥？」

更重要的是，父親嚴肅地告訴他：「種小米要有很多儀式，你做了嗎？」

「儀式你來做，小米我來種，」芭翁深知父親以不一樣的方式關心他復育小米，於是轉換概念，派工作給父親。結果，儘管第一年的收成並不好，父親卻很開心地說：「小米有種子了！」

找回失落的語彙

北部小米是一年收成，每年等待小米結穗，部落長老才能靠著結穗的米粒與顏色，辨識是何種用途的小米，「像是在『等開獎』一樣，」芭翁笑說，也是在這樣的過程中，關於小米的語彙，例如：間拔（imahing，除草），一一從耆老口中蹦出來。

年復一年，種植面積從芭翁的　小畝田，擴大到部落其他人無私提供土地讓他復育小米，但也因此需要更多人力支援，像是播種、自製趕鳥器、收成等，於是他找來部落婦女到小米田幫忙，讓更多族人參與，也更有認同感。

「這群平均年齡七、八十歲的阿婆，透過小米田，重拾童年回憶，許多關於小米的語彙也回來了，」芭翁感動地說，像是二〇二一年遇到旱災，老人家在間拔時便冒出「游泳」、「盪鞦韆」等語彙。

「游泳」指的是，有些小米為了找水，快速生長，有的則比較慢，像是游泳；「盪鞦韆」則是指缺水讓小米產生虛根，搖搖欲墜，像盪鞦韆一般。

芭翁從事文史記錄工作二十多年，一心想把泰雅族的語言、文化記錄清楚，沒想到竟在復育小米的過程中實現了；與此同時，許多宅在家的婦女與老人家參與其中，恢復活力與健康，則是額外的收穫。

在傳統儀式中與大自然和解

「山櫻花萌芽時，就可以開始種植小米，」除了芭翁的父親，愈來愈多泰雅族耆老紛紛開始提到，種植小米要有的各種儀式，包括：播種祭、收割祭、入倉祭與祖靈祭等。

像是舉行播種祭時，耆老口中喃喃自語，為的是與土地中看得見和看不見的對象說話。看得見的，是微生物、蟲、鳥等生物；看不見的，是祖靈或其他非泰雅族的靈。

耆老感謝牠們和祂們照顧好這塊土地，現在才輪得到族人使用，希望祂們能好好照顧族人，也請祂們代為向鳥兒傳達：「可以吃小米，但不要全部吃光。」

「身為一名生態學家，這段話讓我感動萬分，因為泰雅族人想得很深遠，」林益仁指出，現代經濟發展將人與土地的關係摧毀殆盡，一般人認為自己擁有土地權便擁有主導權，但傳統泰雅族人不做如是想。

他進一步說明，播種祭就是部落耆老與大自然的和解（泰雅族語：sbalay），他們認為土地上有蟲、有鳥、有祖靈，種植前要跟蟲鳥與靈溝通，「雙方是互相支持而非相互破壞，這樣的做法令人感動，也值得現代人深思自己與大自然的關係。」

擁抱自然農法的傻瓜農夫

無獨有偶，在尖石鄉的煤源部落，上演另一則人與自然和解的故事。

一位泰雅族原住民以超過十年的時間研究自然農法，幾乎花光所有積蓄，許多族人稱他是「傻瓜農夫」。

傻瓜農夫夏禾達利（Sayx Tali）跟多數人一樣，原本採用慣行農法（施以農藥、化學肥料）在山上務農。每逢大雨過後，作物容易遭病蟲侵害，最直接也是最簡單的解決之道就是噴灑農藥。

二十三歲那年，年紀尚輕的他，種植的日本甜柿便得到尖石鄉公所舉辦的評鑑大賽冠軍，是最年輕的得獎者。不過，頂著桂冠的榮耀，背後卻付出犧牲身體健康的代價。

幾乎傾家蕩產的嘗試

「跟我一起務農的家人得到猛爆性肝炎，」夏禾語重心長地指出，這位家人就是他太太，因為吸入太多農藥，身體一時無法代謝，一度必須換肝，否則可能有性命之憂。

後來，夏禾太太平安度過那場危機，但家人在鬼門關前走一遭，促使夏禾開始深入思考：「是否有一種農法可以避免病蟲害，又能安心地和家人一起耕種？」

無毒、有機，是他思考後的解答，最後更走上自然農法這條道路。只是，這條路並不平順。

「一開始嘗試無毒、有機農法養雞，付出相當高的成本，因為有機資材與肥料都較昂貴，收入與支出不平衡，為了家計，只好放棄，」夏禾回憶。

直到二〇一三年，夏禾有機會前往韓國、日本學習自然農法，他認為當地的自然農法跟原住民傳統農法相似，於是深入鑽研；二〇一八年，夏禾取得國際自然農法師資資格，決定回部落扎根，將日、韓的自然農法複製到家鄉。

沒想到，農法相似，天然環境卻不一樣。

「山區容易遇到大雨，病蟲害隨之出現、雞舍也會變臭，」夏禾只好一試再試。

循環經濟在原民部落實踐

「十年了，你還要堅持嗎？」夏木的太太看著孩子快要跟著他喝西北風了，忍不住這樣問。

夏禾沒有說什麼，只是默默做著。終於，他發現解決問題的方法：要利用部落傳統知識結合自然農法，而非一味將國外的經驗移植到山上。

「屬於部落的自然農法，其實是一種互利共生的概念，」夏禾說。

例如：養雞時，完全就地取材，食材經過自然的微生物發酵，引來黑水虻產卵，產生動物性高蛋白，提供雞隻營養。此外，以回收種香菇木屑及玉米發酵做為雞隻飼料，養出健康的雞，不需要打抗生素；接著，雞糞經過微生物分解，雞舍便不會發臭，同時成為土壤肥料，滋養其他植物，形成互利共生的生態圈。

傻瓜農夫聰明蛋

目前，夏禾的雞場共有四百五十隻雞，每天平均收穫兩百顆至三百顆蛋——林益仁幫忙取了個名字，叫作「傻瓜農夫的聰明蛋」。

付出超過十年的苦勞，近年來西方先進國家倡議的「循環經濟」，就這樣在傻瓜農夫的雞場實踐了，而夏禾也領悟到，「真正的自然農法，其實就是泰雅族傳統農法的『就地取材』，大自然有什麼就利用它。」

夏禾不吝將結合在地的自然農法推廣給其他小農，如今尖石鄉與五峰鄉已有十二到十五個小農跟進採用自然農法。

不僅如此，他也樂於到國小分享食農教育，例如：教導師生如何利用發酵解決廚餘問題。

催生小米方舟計畫

小米媽媽找回傳統作物、傻瓜農夫發現與環境互利共生的自然農法，這些保存部落傳統與文化、保育物種的初衷，有如《聖經》中承載物種度過大雨的諾亞方舟。

同時，城市人希望吃到健康無毒的蔬果，部落以愛護土地的理念種植蔬果，「城鄉共構」的概念於焉產生，而由於大部分原住民信仰基督教，本身也是教徒的林益仁便將這個計畫取名為「小米方舟」。

二〇二〇年，林益仁意識到：「如果要宣揚保種復育的理念，需要聚集更多人的力量，但是不能讓參與者只做白工或拿政府計畫，要做到自給自足才能將理念永續發展，讓持有相同理念的小農得以生存下去。」

小米方舟的核心夥伴是小米媽媽與夏禾，以及其他擁有相同理念的小農約十位。

林益仁自比是小米方舟的「業務經理」，負責推廣小米方舟的蔬果，因為有教職所以不支薪。「從教書變成叫賣農產品，」他笑稱，「一開始擺攤賣菜是『竹篙兜菜刀』（台語，意指胡亂拼湊）。」

一場重塑家園的旅程

儘管仍在摸索之中，但小米方舟基本上還是維持多軌並進的模式運作。部落的深度文化之旅，就是小米方舟的另一個賣點。

「尖石鄉不是只有司馬庫斯跟鎮西堡，」林益仁談到，他親自帶團，曾帶領政治大學科技管理與智慧財產研究所教授吳靜吉、遠流出版社董事長王榮文、北醫大學生，深入田埔與煤源部落，藉由深度文化與生態體驗，帶給當地一些食宿收入。

漸漸，許多理念相同的學界友人得知他創辦小米方舟，也嘗試盡一份力，例如：政大校長郭明政，促成林益仁與政大老師在政大合開關於尖石的地方創生課程，傳遞小米方舟的理念，並促成部落自然農法教室與小米教室等，除了實地教學，也是深度旅遊的場域。

「藉由小米方舟的扶持，族人得到穩定收入，也可以召喚更多小農或青農回到部落，加入友善環境的自然農法，」夏禾直言。

護生態與拚經濟並非水火不容

「以往的生態學訓練，跟拚經濟往往彼此相斥，讓我有段時間一直很輕視經濟這件事，」林益仁感嘆自己也曾經一葉障目：「實際參與小米方舟的工作才體認到，其實經濟（economics）和生態學（ecology）的字首都一樣是『eco』，希臘原文是『家園』的意思，兩者都是在思索關於家園建造的知識，不應該那麼敵對。」

觀念變了，林益仁的做法也變了。每每小米方舟的小農產品要上市，不管是上電台、演講宣傳或是臉書貼文，他總是往前衝，希望讓小米方舟盡早自給自足，也期待未來可以整理出所有小米生態特性的資料庫。

串連企業與部落資源

近者悅，遠者來。小米方舟的理念吸引來自企業的知音——法商家樂福。家樂福自二〇一八年推動食物轉型，跟進國際重視經濟動物福利，尤其是善待產蛋母雞的重要承諾，第一項就是賣場設立「非籠飼雞蛋專區」，並在二〇一九年推出家樂福影響力概念店，販售有機小農、動物福利的產品。

「大自然中的生態是動植物共存，像是雞、豬、牛、蔬菜都在同一個環境下生長，構成一個生態循環，」但家樂福文教基金會執行長蘇小真坦言，過去往往考量經濟規模，將動植物分開飼養，如果生病就以藥物介入。

然而，「我們在推出優質與安全食物的過程中發現，人、土地、動物息息相關，」蘇小真談到，改變的想法很早就有，只是不知從哪著手最好。後來，剛好家樂福基金會董事長吳靜吉參觀傻瓜農夫的自然農場和小米媽媽的小米田，並且拍攝了一些照片。

「這不正是家樂福在推廣的食物轉型計畫嗎？」看到照片，蘇小真頓時豁然開朗，而獲得啟發的他，也很快促成聰明蛋與小米結合的「小米蛋捲」在家樂福販售，聰明蛋也預計於二〇二一年在台北一〇一的JASONS Market Place上架。

推動負責任的消費

「家樂福的做法是希望讓消費者支持一個關於動物福利與自然農法的理念，成為一種負責任的消費，」蘇小真坦言，目前小農無法保證產量，但他們也不是想透過小米跟蛋捲獲利，而是以食物為媒介，讓外界看到部落傳統文化與價值，甚至造訪食物的來源地——尖石鄉，讓消費者透過看得見的有形項目，如：雞蛋、小米或蛋捲，串聯食物轉型與食育這類無形的觀念改變。

「最重要的是，像林益仁老師的做法，是看見並參與當地文化生活，了解他們的問題、協助他們做想做的事，而非干預他們，」蘇小真強調，「林益仁老師是站在泰雅族人的角度，學習如何使部落文化與生態照顧永續，而不是將部落當作賺錢或行銷的賣點。」

不過，「無法量產的問題還是必須解決，」蘇小真建議，「尖石鄉有許多營地，以往山下的人會買菜上山露營野炊，或許可以考慮跟營地業者合作，一方面縮短食物里程，二方面向露營者介紹部落文化，進而產生更多跨領域的交流。」

連結平地與部落

與小米方舟跨領域的交流，體現在北醫大的許多系所，並將連結延伸到健康飲食。譬如，北醫大營養學院、藥學系與人文創新與社會實踐研究中心，使共同成立「以食為TEN」大學社會責任（USR）實踐計畫，搭配藥學系名譽教授楊玲玲對於中藥材的專業知識講解、學生親身進入場域並回饋所學，進一步教導當地居民如何健康飲食、生活。

所謂的「以食為TEN」，「許多人以為是取白『民以食為天』，」北醫大營養學院院長趙振瑞笑著解釋：「『TEN』是取自三個英文字的首字字母：從山上到平地（territory）、從源頭到餐桌（enterprise）、從學童到老人（net）。」

他進一步說明：「『以食為TEN』計畫分為兩項子計畫，計畫一是北醫大學生至尖石鄉體驗當地的自然農法，並提供所學專業的服務給當地；計畫二則是針對平地的國小學童，推廣營養與食農教育，甚而影響家中大人。」

不過，計畫啟動適逢二〇二〇年新冠肺炎疫情期間，考量安全問題，只能減少參與人數、縮小活動範圍，分兩梯次前進煤源部落，並暫時取消平地學童至山區的計畫。

倡導健康意識

如何吃得營養、吃得健康是營養學院的專業，北醫大師生積極對尖石鄉民眾進行簡單的營養衛教，並且為當地小農進行藥物快篩，因為「我們不想改變當地固有的飲食文化，但是要倡導健康意識，提醒大家改變飲食習慣，」趙振瑞舉例談到，原住民通常會醃漬食物讓肉熟成，但醃肉太鹹，因此提醒他們在吃之前可以過水處理。

宣導的時間，則要講究快、狠、準。週日，一家大小齊聚做禮拜，結束後，北醫大師生只能運用十五分鐘進行衛教。

「我們從學校搬來測量體重、體脂的儀器，當場列印，居民可以馬上看見自己體內的脂肪、肌肉、水分含量等生理數據，之後再進行衛教，大家會更有感，」趙振瑞分享過往的經驗，「山上醫療資源不多，從部落到最近的醫院，車程至少一小時，但原住民生性樂天，身體不適多半不太有感覺，可能也是沒人特別提醒，但當同學為長輩們解釋這些數據，大家聽得很認真，代表居民開始了解、重視自己的健康，進而調整飲食。」

至於師生上山的另一項重任——藥物快篩，「我們會在前一天先到田裡採樣友善農法的蔬菜、水果進行藥物快篩，或由小農帶到現場檢測，像是草莓、番茄、甜柿、牛奶草莓等，都可以利用快篩檢測是否含有農藥，即使受疫情影響無法前往，小農也可以把蔬果送至台北快篩，」趙振瑞說明，「這樣，對消費者更有說服力，可以安心食用。」

向原住民學習與環境共生

二〇一六年，正值國內食安事件層出不窮，北醫大首創營養學院，並成立食品安全學程，藉此教導學生如何吃得營養與安全；更進一步，透過「以食為TEN」的課程，實際到食物產地走一遭，讓學生於過程中了解農作物本身的應用與食用價值，學習在平地只看到卻不知其意的事物。

例如，在夏禾的帶領下，北醫大師生實地走訪，看見當地農夫如何利用自然環境，讓動植物互利共生，毋須施加有機肥料。

「整個尖石山處處都可就地取材，與小農自製的天然酵素結合，製成養雞的飼料及農作物的肥料等，讓師生真正了解泰雅文化追本溯源的精神，」趙振瑞談到，「泰雅族人常說：『人自然是最好的冰箱。』像是夏禾所推廣的自然農法，把取之於自然、用之於自然的概念傳達給部落裡的其他小農，也讓學生看見他的毅力，以及和這片土地共存共榮的決心。」

北醫大醫學系學生陳羿蓁參與小米田的除草過程就有深刻體會：「因為要讓農作物回歸自然、傳統的生長模式，我們不使用任何機器，而是手腳並用在小米田裡清除雜草，這是辛苦的過程，也讓我真正體會到芭翁老師的理念和實踐方式。」

蘿蔓、紅莧菜、薑黃等蔬菜，來自城市的學生，若非親身前往產地，恐怕很少有人知道它們原本的樣貌。這種歷程，對許多學生來說，是接受當地環境、文化與食農教育的洗禮，也是實地了解泰雅族人文歷史脈絡的體驗，更能因此深入理解自身所處環境正面臨什麼樣的永續議題。

氣候變遷不只是科學家的責任

如同泰雅族的射日神話，林益仁認為，這則古老而優美的神話充滿隱喻：「人類在幾百年前，甚或幾千年前，就面臨氣候變遷、大地乾旱的問題，泰雅族人以打團隊戰的方式，順應天候，得以保種並生存下來。」

反觀現代，「大家不應該把防止氣候變遷當成只是科學家的責任，我們也必須學習如何打長期的團體戰，」林益仁認為，「不要輕易忽視原民的傳統知識，那很可能是面對當代氣候變遷議題的解方。」

就像小米媽媽與傻瓜農夫不約而同訴說著這些年來的所見所聞：「小米回來了、小雀鳥回來了，傳統語彙也跟著回來了。所以，復育小米，等於是復育生態……」尖石鄉的泰雅族人重拾前人順應大自然的智慧，不管是種植小米，或因地制宜的自然農法養雞，以食物連結過去與未來，展現尊重大自然的概念。永續，漸漸發生了。

08

問題愈大
愈要從現在開始做

林惠君——文

改變並非一蹴可幾，
從現在開始做起，
便是掌握最好的時機。

教育可以賦予人們改善生活的能力，但全世界的教育資源分布不均，公共衛生知識的落差更是顯著。

對台灣人而言，擁有乾淨的水源是日常生活的基本條件，人民擁有平等就醫的權利。但在未開發國家，當地國民所處的環境，有些連公共衛生基礎設施都付之闕如，更遑論醫療服務。所幸，發現這些問題後，許多國家的組織團體紛紛伸出援手。台灣，也不例外。

二〇一八年夏天，中華民國總統蔡英文臉書寫到：

「在尼泊爾，有一群年輕的台灣醫學院學生，用服務做了最好的國民外交。

「前幾天，我收到TMUSO北醫大海外醫療服務團隊員楷文同學寄來的明信片。這個夏天，他們前往尼泊爾，為當地的孩子們進行衛教、口腔檢查與義診，也從服務中得到學習與反思的機會。

「我要謝謝這群充滿熱情和勇氣的同學，以及所有前往不同國家服務的海外志工，謝謝你們讓台灣走出去，結交了世界各地的朋友。」

只要開始做，永遠不嫌遲

北醫大海外醫療服務團與飛洋國際服務團（簡稱飛洋），是兩支長期且固定到海外提供醫療服務與衛生教育的志工團體，憑藉他們的醫學專業，協助醫療資源匱乏國家的居民與學童，從南印度到尼泊爾、柬埔寨，傳播公衛教育的種子，逐漸改善當地醫療環境。

曾有人說：「天下沒有容易做的事，也沒有做不成的事。」要改善一個國家或地區的醫療服務與公衛習慣絕非易事，但這些深入世界各個角落的服務團隊，用親身經歷告訴我們，只要從現在開始做，使永遠不會太遲，改變也必然會發生。

從台灣偏鄉到世界角落

每年夏天，海外醫療服務團在指導老師帶隊下，遠赴海外進行醫療服務，期間長達一個月，是北醫大成立最早、規模最大（隨行醫師與學生約三十人）的海外醫療服務團。它的前身，是二〇〇三年由北醫大教授郭惠二創設的台灣大學生海外服務團。

二〇〇七年，台灣大學生海外服務團更名為北醫大海外醫療服務團，由北醫大副教授、牙醫師林利香帶隊，直到二〇一四年為止。林利香於二〇一五年四月因病過世，但他即使在病榻上，依舊掛念著醫療服務團出隊事宜。同年，他擔任牙醫師的另一半——陳錦松，便接棒擔任指導老師。

陳錦松與林利香夫妻早年參加「四一五口腔服務小組」，為台灣原住民學童進行免費診療服務，甚至自掏腰包購買儀器。這項義行，獲得第八屆醫療奉獻團體獎的肯定。

隨著台灣醫療水準提升，林利香將這樣的暖心善舉延伸至國際間的弱勢地區，擔任北醫大海外醫療服務團指導老師，陳錦松則婦唱夫隨擔任隨隊醫師。

深入南印度，服務流亡藏胞

二〇〇七年，北醫大海外醫療服務團首次獲得當時的蒙藏委員會經費支援，加上部分自己募款所得，前往南印度流亡藏人屯墾區進行口腔義診與衛教等海外醫療服務。

初次踩點之後，隔年，林利香便帶領十五位牙醫系學生與多位熱心的牙科醫師，前往南印度拜拉庫比（Bylakuppe），在當地的兩座僧院Kagyudpa和Anni Gommba，以及西藏兒童村（Tibetan SOS Children Village），為流亡當地的藏人喇嘛與孩童，進行為期一個月的口腔衛教宣導、口腔檢查及牙科義診服務。

拜拉庫比是印度最大、最早的流亡藏人屯墾區，建立於一九六〇年，距離印度科技大城班加洛爾（Bangalore）機場約七小時車程，距離南印度大城邁索爾（Mysore）也需要約三小時車程。

「出於缺乏基本的醫療與衛生教育，當地僧人齲齒率高達六七％，牙齦炎比例也有五二％，」陳錦松說，服務團在兩個僧院篩檢三百三十九人，治癒兩百四十七人，至少七百二十六顆不同程度的齲齒獲得有效治療，治療率達到九一．一四％。

西藏兒童村是由達賴喇嘛創立，專門收容藏族孤兒、單親學童，以及家境貧窮的學童。服務團的牙醫師為十二歲以下的孩子進行溝隙封填與專業塗氟等預防牙醫學工作，篩檢一千四百八十四人，治療三百四十一人，超過七百餘顆不等程度的齲齒獲得有效治療，治療率達九六％。

光是這一年，南印度醫療服務便涵蓋口腔篩檢與衛教宣導一千八百二十九人，治療六百八十人、一千零八十四顆牙齒，洗牙兩百三十四人，溝隙封填三百八十三顆牙齒，治療率達到九二．六五％。

不過，在高治療率的背後，鮮少有人知道，服務團也曾經身陷險境。

由於藏人屯墾區的特殊地位，有如印度的「國中國」，進入每個屯墾區都需要事先申請印度官方的許可。然而，某一年，申報地點漏填某個屯墾區，帶隊的陳錦松本以為不要緊，卻在抵達當地後，馬上引來印度警方關切。

事態緊急，陳錦松一邊說明、一邊比手畫腳，甚至親自上陣為前來的警察洗牙，證明他們真的是來做醫療服務，沒有其他意圖；再加上當地村長挺身證明，才避免一場牢獄之災與罰款，更重要的是沒有拖累當地藏民。只是，全團仍舊不能久留，隔天就必須離開。

前進尼泊爾，規劃口腔衛教

深耕南印度地區有成，自二〇一七年起，北醫大海外醫療服務團轉往尼泊爾服務，對象除了藏胞，還包括尼泊爾人，同樣是宣導口腔疾病預防概念的教育，並與當地缺乏牙科治療的社區醫療院所合作，設立牙科臨時診間。

「當地生活環境克難、衛生條件不佳，還必須面對無預警的斷水斷電，」陳錦松回憶，「我們特別與醫材公司合作，改良出特有的攜帶式牙科診療箱和牙科材料，才能在最克難的環境下，進行牙科醫療照護。」

「有一次出隊，我在機場意外受傷流血，被送往當地最好的外資醫院急救，但病床床架搖搖欲墜，床上還能看見前一位患者留下的血跡，」北醫大海外醫療服務團前團長陳楷文回憶，「我根本不敢躺在床上，就這樣撐了一、兩個小時，才有一位實習醫師來幫我注射破傷風疫苗，卻沒有縫合傷口。」

陳楷文印象深刻，那家醫院的急診室可以說是一片混亂，醫療設備不齊全，只有電扇沒有冷氣，手術燈也很老舊，像是台灣五、六十年前的診所……「當地人公認最好的醫院，設施居然完全不及格，」陳楷文除了為當地居民感到難過，也很為自己擔心：「我怕的是針頭會不會重複使用？」

儘管環境不如人意，該做的準備還是不能少。出隊前，學生必須接受行前訓練，例如：到醫院見習、去老人安養院或兒福機構等地進行口腔衛教，「我們還針對兒童口腔衛教編了一首刷牙歌，帶動學童刷牙，」陳楷文說。

不過，在服務現場，還是出現一些意外。

「有一次，當地學校校長突然請我們幫忙，為二十多位全盲視障生進行衛教，」陳楷文至今記憶猶新，因為沒人想過會要服務全盲的視障生，「大家都不知道該怎麼辦，可是一想到大老遠來一趟總要做點什麼，也不想讓他們失望，還是硬著頭皮答應了。」

最後，陳楷文與同學們拉著視障生的手，一顆一顆認識牙齒，最後再手把手帶領視障生刷牙，「這個方法很有效，我們第二年再回去時，這些視障生都還記得如何正確刷牙。」

在尼泊爾服務的兩年，服務團每年進行口腔檢查與衛教人次各達一千八百至一千九百人次，每年義診人數則有八百五十至九百五十人次。

飛往柬埔寨，解決頭蝨問題

北醫大另一個國際服務的單位是飛洋，前身是台灣大專生海外服務團，於二〇一三年更名為北醫大飛洋國際服務團，隔年首度參加教育部青年發展署青年志工績優團隊全國競賽，便拿下國際志工類第一名。

身為全球志工服務團的一員，飛洋的特色是方向相當明確，也就是以聯合國SDGs所包含的三大目標——第三項健康與福祉（Good Health And Well-Being）、第四項教育品質（Quality Education）和第六項潔淨水源及衛生促進（Clean Water and Sanitation），做為制定專案的主軸。

由於政治穩定及對外友善等因素，柬埔寨是目前全球非政府組織（NGOs）所在密度最高的國家，尤其集中在金邊與暹粒兩大城市。然而，儘管如此，當地資源仍然無法有效運用，其他地區亟需建設與物資，同時面臨孩童教育不足等問題亟待改變。

透過北醫大校友楊琇雯及當地牧師牽線，飛洋選擇資源相對兩大城市缺乏的其他地區，來到位於柬埔寨西北邊的馬德望省，從二〇一五年起，陸續在該省的六所小學開始定期、定點進行衛教工作。

馬德望距離金邊大約六個多小時車程，距離暹粒則約為四個多小時車程；這裡沒有外資挹注，更沒有來自各國的觀光客，觸目所及，連一家像樣的餐廳也沒有。

像馬德望這樣的地方，需要的是什麼？

如果服務團進駐，可以做些什麼？

「從二〇一五年開始，我們先探索當地人真正的需求，建立彼此的互信關係，」飛洋指導老師郭曉靜直言，許多志工團體是將自己的專業提供給當地，風險是不一定符合當地的需求，但「服務團的傳統是先了解當地人的需要，再透過面試挑選適合的隊員，提供專業的服務給當地。」

舉例來說，飛洋發現，馬德望的學童跟早年台灣鄉下面臨相同的傳染病問題，就是頭蝨。

想方設法讓小朋友勤梳頭

「要解決頭蝨問題，需要長時間治療，且有抗藥性問題，於是我們和北醫大醫學系寄生蟲學科老師廖建維合作，利用齒距比較密的髮梳，幫兒童篩檢是否有頭蝨，再將特製的梳子送給學童，」郭曉靜說，「為了鼓勵兒童梳頭，我們把梳子貼上小朋友喜歡的貼紙裝飾，做為獎勵。」

梳子有了、意願有了，怎樣才是正確的梳頭方式？

飛洋在當地的小學示範如何梳頭，例如，頭蝨寄生在頭髮根部，因此梳頭必須從髮根梳起。

方法清楚了，怎麼讓孩子們願意勤於梳頭？飛洋努力讓孩童學會重視自己的儀容整潔。

問題是，當地家庭沒有鏡子，怎麼辦？飛洋靈機一動，在每間教室裝設代替鏡子功能的壓克力板，當作衛教工具。

「小朋友會很開心地對著壓克力板梳頭，」郭曉靜說，「原本這些學校有一半以上的學童感染頭蝨，經過這幾年的努力，已經有一半的學童獲得改善。」

改善生活環境

頭蝨問題之外，飛洋也發現，馬德望的學童課餘要幫忙割草餵牛，但若不慎割傷，往往只是自行隨便包紮，常引起傷口感染。於是，飛洋隨即向國內廠商募集醫療包，帶到馬德望。

一開始，飛洋把醫療包放在當地社區健康中心，卻沒有真正派上用場，後來更是整包不知去向。

「放在健康中心，被動等人來用，顯然不可行，」郭曉靜說，「所以我們想，老師是跟學童最接近的人，那就教導老師如何使用醫療包吧！」

從認識藥品開始，再教導如何清潔、消毒傷口，並透過老師傳授學童正確知識。終於，醫療包真正發揮作用。

至於常見的腸道寄生蟲問題，必須每年投藥兩次，除了有抗藥性問題，連同住家人也要一起投藥，更重要的是必須從改善生活環境做起。

終於喝到一口乾淨的水

透過家訪與觀察當地環境發現，馬德望當地的學校雖然設有廁所，但因為取水不易，廁所總是上鎖，學童大多就地解決，飲用水因此受到汙染。

「有些組織會捐贈濾水器，但在鄉下，隨處可見廢棄的濾水器，再不然就是被當成垃圾桶或冰箱使用，」郭曉靜說。

問題出在哪裡？

「可能是因為他們不會使用濾水器，就算講過使用方式，當地居民也未必會記得，甚至根本沒意識到濾水器的重要，」郭曉靜說明，「我們決定回到問題的根本，一是改善當地生活條件，二是告訴他們乾淨水源對身體的重要。」

因此，飛洋兵分二路，一是透過教師教導居民身體構造和乾淨水源的重要，並讓學童養成洗手習慣；二是與實踐大學建築設計系合作，於二〇一八年、二〇一九年暑假，幫忙當地學校興建有過濾系統的水塔。

有了乾淨的水源，當地村民感動地說：「終於不必再跟動物喝同一池水了！」連國小校長也激動到抱著郭曉靜哭了起來。

賦權當地才能真正改變

「我們的宗旨是希望達到永續與賦權當地社區，確定當地的需要之後我們才會做；每年的計畫有連續性，也會做後續追蹤管理，而不是單點式做了就跑，」郭曉靜強調。

雖然每年僅有寒、暑假各一次飛往柬埔寨，在馬德望小學進行為期兩週的服務，但郭曉靜漸漸看見學校自發性的改變。

例如，有校長利用當時興建飲水系統的廢料，在每個教室前面，蓋一座簡易洗手台，再放上洗手的肥皂。

又譬如，飛洋告訴校方，隨地燒垃圾會汙染土壤、空氣與水源，尤其燒塑膠影響更甚，應該盡量遠離學生活動範圍。後來，就有兩間學校主動回收塑膠，並用水泥蓋了一座直徑約一公尺的圓形牆，做為焚燒垃圾的場所，減少垃圾燃燒後直接接觸地面的可能，以免汙染土壤與水源。

甚至，有校長自行購買塑膠盒，將醫療包分別放在每間教室，而當地教育局官員也從原先只讓飛洋在四所小學進行醫療包衛教，逐漸增至六所，一度希望擴及全省七十一所學校。

儘管因為人力問題等因素，一時無法將服務擴及馬德望全省，但這些成果，意謂飛洋系統化提供服務的運作模式，效益已經逐漸浮現，並且獲得當地官員肯定。

灌輸保健觀念，延長表演生命

除了在國小衛教，飛洋透過北醫大校友、法爾柬埔寨馬戲團（Phare, The Cambodian Circus，簡稱法爾劇團）執行長特助暨發展經理許茜雯牽線，還為劇團團員提供保健知識。

法爾劇團是柬埔寨著名的劇團，由一位在柬埔寨擔任義工的法國女藝術老師創辦，希望藉由當地青年表演者的藝術演出，撫平柬埔寨過去歷經血腥暴政的心靈創傷，同時提供在地年輕人工作機會。

「柬埔寨在『紅色高棉』時期，許多知識份子遭到殺害，造成教育斷層，導致現在很多柬埔寨人的基礎衛生教育薄弱，許多台灣國小學童就知道的健康常識，對他們而言卻是相當陌生，例如，多吃蔬果有益健康，當地人卻只吃醃漬物，」許茜雯說，「年輕表演者的衛教知識不足，可能因小傷衍生為大病，甚至危及表演生命。」

許茜雯舉例，劇團表演者知道要事先暖身，卻不清楚為什麼要這麼做，曾經有表演者因暖身動作不確實，在演出時肌肉拉傷或膝蓋受傷，當下不以為意，幾天後發現肢體無法動彈，緊急送到醫院治療，原來是處理不當引起傷處惡化，平白多花了不少醫療費用。

「法爾劇團原本就與當地醫療院所合作，有專人定期為團員上急救課，但團員還是普遍缺乏基本衛教知識，」許茜雯認為，「如果能讓團員具有基本保健觀念，才是維持表演者身體健康、延長表演生命的長久之道。」

醫療志工進行衛教更有效

飛洋的學生志工先從簡單衛教開始，譬如，以投影片教大家認識身體或肌肉構造，解說體內器官位置，如果身體有疼痛現象，可以研判是哪裡出了問題；認識肌肉的構造，則可進一步了解暖身的重要。

學生志工也會傳授基本的健康常識，以喝水為例，尿液呈現深黃色代表水喝得太少，就要多喝水；尿液變紅，可能是吃到紅色火龍果，不必太過擔心。

除了日常保健，學生志工也會教導表演者在遇到意外時的應變方式，例如，在何種情況下受傷該採用冰敷或熱敷，以及實地操作傷口包紮。

「由有醫療背景的人進行衛教，遠比公司內部宣導有用，」許茜雯指出，經過北醫大學生上課，他在休息室找表演者聊天時就發現，毋須旁人提醒，他們便會主動多喝水。

從認知到行為改變，經過一段時間醞釀發酵，終於看見成果。

「飛洋是一個好的開端，法爾劇團高層認知到提供表演者身體保健的重要，有意請在地專家開設如何自我照顧的課程，」許茜雯說。

礙於疫情之故，飛洋暫停出隊到柬埔寨，但之前的衛教課程已經讓團員漸漸改變，也讓劇團高層意識到自我保健的重要性，這讓促成這樁美事的許茜雯感到相當值得。

在服務中體現醫學倫理

「倫理教育是醫學教育中很重要的一環，海外醫療團可以讓學生了解，未來的醫師工作，除了賺錢以外，更要有服務熱忱，」即將年屆七十，義診資歷超過三十年的陳錦松語重心長地說。

事實上，的確有不少北醫大海外醫療服務團與飛洋的隊員，從服務對象身上獲得更多感動、想法與成長。

「面對簡陋的硬體設備，當地的孩子沒有絲毫怨懟，從他們的眼神，我們看見的是知足與感恩，」連續兩個暑假前往尼泊爾服務的陳楷文說。

不僅如此，身為北醫大牙醫系五年級學生的他，看到同團許多牙醫師是以前的學長姊，不禁興起持續出國服務的想法：「服務團最棒的就是將服務的精神傳承下去，每次隨行的牙醫師有超過一半是以前隨團的學生，我也希望未來當上牙醫師後，能跟學長姊一樣，成為隨隊醫師。」

飛洋在二〇二〇年寒假出隊到馬德望後，受疫情影響，至今無法再度前往。不過，在這段期間，郭曉靜透過與當地牧師遠距互動，多少仍能持續關心學童們的狀況，同時盤點著：「近年飛洋推動改善學童營養不良計畫，請老師定期幫學生量身高、體重，未來要買可愛的身高尺放在教室，長期計畫則是希望馬德望省的七十一所小學都有醫療包，那樣將可讓三千多位學童受惠……」

原本有意從事國際醫療專案服務的許芮雲，也是在任職法爾劇團期間，轉變了想法：「劇團發揮的藝術治療，也是廣義醫療的一環。」

老、中、青三代，一棒接著一棒，秉持著責任感與服務熱忱，北醫大的師生、學長姊相繼傳承，從南印度、尼泊爾的山區，再到柬埔寨的偏鄉，看見問題、解決問題，發揮台灣人的愛心與醫學專業，跨越地域的限制，讓善與溫暖無遠弗屆。

09

他的人生
我們一起翻轉

邵冰如——文

TMU

羅爾斯（John Rawls）的《正義論》將平等與正義劃上等號。
教育帶來更多追求平等的可能，
但城鄉差距始終是難解的教育課題。
想要落實社會正義，
需要更多人一起努力。

醫學教育的初衷是什麼？培育人才的大學，只做到知識傳遞就夠了嗎？還是，應該要能夠建立價值並引領前行，影響社會發生改變？

醫師的另類處方箋

面對這個問題，北醫大嘗試走出校園，讓教育無遠弗屆。一方面，前進台灣偏鄉，推動親子共讀，在診間用童書進行幼兒的發展評估，解決當地孩童語言發展遲緩問題；二方面，推出「開放教育課程」，透過國際網路學習平台，開放世界各地的學習者參與共學，翻轉他們的人生。

為何要做親子共讀？「親子共讀是醫師的另類處方箋，」北醫附醫家醫科醫師陳宥達說。

在衛生福利部國民健康署網站，寫著這樣一段文字：「研究發現，親子共讀在孩子成長過程中，對於人腦發育、語言發展及增進理解能力等皆具有正面的刺激，並能夠啟發孩子的想像力及培養其創造力。」

陳宥達就讀北醫大醫學系時期，便非常關心偏鄉醫療議題，後來更因為罹患甲狀腺癌，讓他領悟，「人生這麼短暫，應該要把握時間趕快做些自己想做的事，將來才不會後悔。」

讀醫學院最後一年時，逐漸恢復健康的陳宥達，某天不經意看到花蓮門諾醫院創院院長薄柔纜的一段話：「台灣的醫生，到花蓮很遠，去美國很近……」

薄柔纜的這幾句話，讓陳宥達深受震撼，從此改變了他的人生軌跡，決定報名參加由北醫大教授張耀懋發起、聯合醫學基金會舉辦的「史懷哲二・〇青年偏鄉常駐計畫」，前進高雄那瑪夏地區。

「那瑪夏區多是原住民部落，我到達當地不久，便發現不少小孩有語言遲緩的現象，」陳宥達說，他著手蒐尋文獻找解方，最後決定將美國非營利組織「Reach Out and Read」（ROR）的診間親子共讀模式帶進那瑪夏社區，讓兒童早期閱讀與兒科醫療照護結合。

用童書開啟親子對話

陳宥達說服衛生所，在診間設置友善閱讀空間，引導家長進行親子共讀，並且教導家長們：「不是只有說書裡的故事給孩子聽，而是要用童書和孩子對話。」

在共讀過程中，醫師也可以對孩子進行發展評估。

「向家長推廣嬰幼兒閱讀，可以刺激孩子的感官、語言和腦部發展，」陳宥達說，特別是在偏鄉，七〇％的家庭沒有親子共讀，四七％沒有童書，也因為隔代教養和缺乏刺激等因素，幼兒疑似發展遲緩的比例在二〇％以上，是世衛所估全球比例的四倍，「我希望在最需要的地方撒下閱讀的種子，讓醫護成為閱讀的推手，突破偏鄉家庭教育的困境。」

阿嬤的貓頭鷹傳説讓小女孩説話了

隔代教養是偏遠地區常見的問題，但是透過親子共讀增加互動，現實可以變得不一樣。

陳宥達走訪社區家庭推廣親子共讀，「他們常誤以為我是『賣童書的推銷員』，」他笑著說起，語氣卻難免無奈，因為，「有一次在診間看到一個三歲小女孩，表達和認知能力只有一歲的程度。」

後來，他透過家訪發現，原來小妹妹家有六個兄弟姊妹，但父母都遠赴都會地區工作，六個孩子全由不識字的hudas（布農族語，意思是「阿嬤」）獨力照顧，孩子們連溫飽都顧不上。

陳宥達想要改變現況，三番兩次找阿嬤聊天，鼓勵阿嬤多與孫子、孫女互動，始終不得其門而入，阿嬤對他總是視若無睹。直到某一次，他帶著繪本上山，繪本裡的一幅畫面，竟然讓阿嬤開口說話。

「有人懷孕了嗎？」阿嬤問。

陳宥達一時不解，看著阿嬤，問他為何這樣說。

「這是我們女人懷孕時的守護神，」阿嬤說。

原來，布農族阿嬤腦海裡有許多原住民傳說，只是平日為生活忙碌，沒有機會想起。直到有了繪本做為媒介，啟發了阿嬤的聯想和興趣。

陳宥達立刻拜託阿嬤，請阿嬤拿著繪本給孩子們講幾個貓頭鷹守護媽媽和寶寶的傳說，並帶著孩子們一起說故事。

阿嬤半推半就地答應了，幾個月後，小女孩再到診間，認知和表達能力快速進步，從原本只會說單字進展到會說完整的句子。阿嬤開心地告訴陳宥達：「原來講故事就有用呢！」

那瑪夏的經驗，讓陳宥達決心全力投入偏鄉醫療與親子共讀，他休學一年，二〇一五年年底遠赴美國史丹福大學進修兒童發展與閱讀素養，並跟隨ROR創辦人祖克曼（Barry Zuckerman）學習，要把「偏鄉醫療×親子共讀」的模式完整引進台灣，為弱勢家庭兒童開創不一樣的人生。

回台後，陳宥達重回北醫大醫學院完成最後一年學業，並在二〇一六年正式創立台灣展臂閱讀協會（簡稱展臂），他也選擇進入家醫科服務。

「剛進醫學院時，原打算畢業後要當外科醫師，但因為ROR，我對社區有了很強的使命感，而家庭醫學科是最接近社區的科別，可以全方位關心偏鄉社區的每一個人，」陳宥達說。

美好的夢想有感動人心的力量

這樣的夢想，許多人為之感動，一個接一個有熱忱的醫護人員與夥伴加入展臂，協會也積極在台灣各地醫院、診所及社區，推廣展臂閱讀計畫，獲得來自四面八方的資金和資源，透過培育閱讀、志工家訪、辦理培訓講座等方式，將親子共讀推廣到各地。

二〇一七年，陳宥達獲選為帝亞吉歐「KEEP WALKING夢想資助計畫」第十四屆得主，他把獎金投入展臂，兩年內在全台偏鄉舉辦九十八場推廣講座，讓九千位醫護人員、幼教與特教老師、家長了解親子共讀，以及如何善用童書來進行發展評估，並在六十處（含三十四個衛生所）據點設立硬體設施，讓候診間成為在地居民閱讀的空間，營造更多可以閱讀的環境，八千多個家庭因此受惠。

來自醫界和企業的外部資源也陸續注入展臂，包括：台北市醫師公會、統一超商等，都投入經費和人力，協助募集童書或製作適合的繪本。

展現政策影響力

陳宥達的努力，一步步開花結果，偏鄉的家長和醫護人員在孩子身上看到了親子共讀的成效。許多父母在診間志工的協助下，試著拿起童書，帶著孩子一起讀、一起說，原本不太會說話或反應較遲緩的幼兒，彷彿進入智能和語言爆發期，進步神速。家長們又驚又喜，原來，只要有書有讀，即使偏鄉、即使貧困，也可以創造奇蹟，翻轉人生。

陳宥達就曾在宜蘭大同鄉遇過一位新住民媽媽，緊緊拉著他的手，紅著眼再三感謝：「陳醫師，你上次給我那本動物園的書實在太好了，我兒子後來天天吵著要看書，我現在都去圖書館借書給他講故事，我以前從沒想過有一天我會去圖書館……」

新住民媽媽欣喜的淚水，讓陳宥達和展臂看見了更多的希望，類似的成果遍地開花，更讓政府也看見親子共讀在教育和醫療層面的重要。

二〇一八年，國健署正式決議，把親子共讀納入母嬰親善醫療院所認證二・〇醫院評鑑項目，醫療院所從新生兒室、診間到衛教宣導，都必須傳遞親子共讀的理念。這樣的政策宣示，更成為親子共讀加速向前邁進的推進器。

匯集群力，搶救孩童認知發展

從一個大學生到赴美進修，再到成為家醫科醫師，陳宥達的成長和努力，許多師長看在眼裡，一路提供許多建議和協助。

二〇一九年一月，展臂結合醫界舉辦「親子共讀培訓暨健康素養促進研討會」，他邀請恩師、ROR創辦人祖克曼來台與會。透過分享活動，北醫大的師長更加理解這位年輕的住院醫師，如何在習醫與行醫的路上奮力向外界跨出大步，走出校園與醫院，展現深入在地社區的影響力。

陳宥達的努力，也正符合北醫的精神：醫者與醫學教育不是只在診間和校園，而是深入社會各個角落，發揮影響力，帶動參與和改變。

二〇一九年七月，北醫附醫正式結合展臂，推出「智鏈北醫繁星小醫師計畫」，以「醫療＋科技＋教育」為主軸，先舉辦社區大型義診，一面推動親子共讀，一面同步培養社區家庭的孩子做為小醫師，鼓勵他們關注家中長輩的身體狀況，延伸醫療衛教影響力。

透過這項計畫，陳宥達和北醫附醫發現，以石碇地區為例，青壯年人口外移至都會區工作，家中往往只有老人和小孩，當地社區家庭有五成左右是隔代教養，而隔代教養往往容易衍生出幼兒發展較落後的教育問題，因此更需要透過科技與親子共讀，搶救孩子的認知發展。

擴大影響，從幼兒發展到高齡長照

繁星小醫師義診站定期在石碇區推動，兩年來，北醫附醫結合石碇衛生所推廣親子共讀，陳宥達帶領住院醫師與醫學生每週四到石碇義診，偕同醫護人員評估兒童發展時，他把童書當成處方箋，鼓勵社區家長進行親子對話共讀。

甚至，「3C產品使用太氾濫，常易造成親子間的疏離，因此北醫附醫在石碇服務時，會推廣家長下載一款APP，若家長使用手機時間太長，APP會跳出訊息，提醒家長陪伴小孩，多與孩子親子共讀，」陳宥達說。

不僅如此，北醫團隊更進一步把服務領域從幼兒發展，延伸擴充到偏鄉的高齡者長照。

「『繁星小醫師計畫』訓練石碇的孩子成為家中的小醫師，定期為長輩測量、記錄血壓等數值，再配合社區篩檢活動，評估家中長輩需要哪些長照服務，」陳宥達強調，透過這項計畫，可以訓練小醫師隨時留意長輩的健康問題，還可結合北醫的醫療區塊鏈，讓小醫師記錄、上傳長者照護資料，一旦有任何醫療需求，也可立刻通報醫療團隊到場，或就近到衛生所就醫。

地方創生，改善經濟環境

北醫與展臂在石碇推動的改變，從小孩延伸到家長、老人；甚至，時任北醫附醫院長陳瑞杰更鼓勵陳宥達，除了醫療教育，也要協助改善當地經濟。

二〇二〇年秋天，陳宥達展開地方創生工程，與在地商家合作，結合公益，打造石碇特有的「五感禮盒」，裡面有石碇麵線、茶包、茶皂、蛋黃酥、明信片，以及在地創生紀錄片，發起群眾募資。

這個禮盒共賣出兩千多個，各界認購禮盒的部分營收用在親子共讀計畫，讓地方創生發展出穩定的商業模式，成就推廣親子共讀的永續循環。

以學術專業解決社會問題

對於改善偏鄉教育環境與品質，能夠做出行動已屬不易，但身處醫療教育體系，卻能夠做到更多。透過教學與研究，可以影響更多年輕生命，活躍持續改變的動能，回應全球化永續發展的新價值。

陳宥達體認到自己的責任，於是在北醫大開設一堂服務學習課程，帶領學生每週深入石碇，了解當地需求，並親身參與親子共讀和繁星小醫師方案的執行工作。

「透過這樣的行動，讓北醫大學生進入偏鄉，帶著石碇高中生一起去參與、去執行，才能激發醫學生反思、找到解決方法，未來才會有愈來愈多醫療人才願意進入偏鄉，偏鄉的人們才有希望翻轉人生，」陳宥達認為，學生行為的改變，是人學實現聯合國永續發展目標的關鍵，但學校必須走出校園、前進地方，並且應該要有宏觀願景與長期執行力，而非聚焦短期成果。

這幾年，陳宥達也在北醫大校園看見正向的影響，愈來愈多學生知道「家醫科有醫師在做不一樣的事」，邀請他分享自身經驗；學生們逐漸體認到，在北醫大讀書，不是只有關起門來學醫，更要走出校園，去參與、付出，明白每個醫療工作者都可以用學術專業解決社會問題。

如今，親子共讀已經成為北醫附醫家醫科的傳統，不但住院醫師支持，北醫大的學長姊還會把這個做法傳承給學弟妹。隨著北醫大畢業學生不斷擴散到各地，親子共讀的做法在全台灣各大醫院開枝散葉，在家醫科、兒科幫助許多偏鄉兒童提早搶救學習低落的狀況。

醫療是社會正義的載體，這句話是陳宥達的信仰，短短幾年，他結合各方力量，從醫療領域跨界公益，逐步成就偏鄉親子共讀的志業，讓北醫的醫療教育與社會有了溫暖的對話，為偏鄉翻轉不平等的人生循環。

讓知識跨越疆界

北醫大不僅把醫學教育帶進台灣偏鄉，搭配數位學習，更讓醫學教育走向全世界。近八年來，北醫大開設八十一門磨課師（massive open online course, MOOCs）課程，其中四分之一是全英文課程，二十多萬個學習者在世界各個角落，浸淫於北醫大的教育海涯。

北醫大磨課師製作由資訊處教學科技組負責。資訊處副資訊長萬序恬表示，開放教育是近年國際教育界大力推動的目標，也是全球大學實踐社會責任的重點工作之一，有助於各大學推動國際學術交流。

二〇〇八年起，北醫大加入知名的「全球開放教育組織」（Open Education Global）推動開放式課程（Open Course Ware, OCW），二〇一三年又進一步開發具備學習者互動機制的磨課師，開放給世界各地的學生在線上學習同一堂課，並可在課程討論區深度交流。二〇一五年，北醫大與歐洲著名線上課程平台FutureLearn合作，開始推出一系列全英文的磨課師課程。

萬序恬指出，英文課程上線後，獲得來自世界各地的熱烈響應，「像是二〇一五年推出的英文磨課師課程『健康照護與網路社群』，由北醫大醫學資訊研究所印度籍教授雪必兒（Shabbir Syed Abdul）開課，吸引四千多人報名，學員來自歐洲、美洲、印度、巴基斯坦、沙烏地阿拉伯等地，遍及至少百餘國。」在此之前，北醫大開設的磨課師中文課程，學生人數約三百人到千餘人。

二〇一六年，同樣由雪必兒開設的英文磨課師「樂齡物聯網」，因為主題創新實用，尚未正式上線便吸引四千人預先報名，學生主要來自英國、歐洲及美國。四千多位遍布全球的學習者，讓北醫大非常驚喜，雪必兒更高興地表示：「我一年帶研究所學生不過四十人，教上一百年才有四千個學生，但現在因為磨課師，我馬上就可以幫助四千人！」

線上學習翻轉銀髮人生

數位學習帶來的改變，影響的不只是年輕人，也涵蓋銀髮長者。

北醫大分析學員資料發現，「樂齡物聯網」課程吸引許多高齡長者參與，六十五歲以上的銀髮族學生占了五四%，年紀最大的，是高齡八十四歲的英國老人。

「網路興起，使用電腦和智慧手機的老人日增，長者對活躍老化的課程很感興趣，而且磨課師打破年長者行動不便的限制，在家上網就能輕鬆上課，大幅提升學習意願，」萬序恬說明。

不僅如此，在課程討論區裡，常看到學習者熱烈討論，「很多人談到，線上學習讓他們開啟了不一樣的生活，大家彼此交流打氣、問候健康，」萬序恬表示，「還有老人說，以前他不敢也不會使用智慧穿戴裝置，但現在從課程中學會了如何使用，對自己的老年生涯有了『樂活』的信心。」

全球醫療工作者的最佳課堂

全球醫療工作者的繼續教育，也因數位學習得以落實。

萬序恬指出，以北醫大為例，藥學院便在二〇一六年開辦「臨床藥學師資訓練」英文課程，兩千多位學習者遍布蘇丹、巴基斯坦、印度等地，其中更有三百多人集中在埃及，他們都是因為工作需要而來修習這門課。

二〇一八年，北醫大配合教育部新南向系列課程計畫，針對印尼、越南等地的醫療專業訓練需求，推出多種不同課程，希望提升印、越兩地的醫療專業技能，同時也有助強化北醫大和印、越兩國醫療學術單位的合作。

在印尼部分，北醫大除了校內藥學系教授，並廣邀全台各大教學醫院藥師參與，推出「優良藥事執業規範」英文課程，分成初階、進階、高階三級，每階段六小時，共十八小時，循序漸進教授專業知識。

至於在越南部分，則是針對醫師與醫學生，開設有越南文與英文字幕的「肺部醫學及復健」、「睡眠與呼吸」、「心肺復健醫學實務」等醫療專業磨課師課程。

「截至二〇二一年六月，北醫大磨課師累積超過八十一門課程，其中有二十門是英文課程，都是與國外平台合作，」萬序恬表示，「國際磨課師平台對課程的要求很高，以FutureLearn來說，上架課程必須是全英文課程，且對課程內容的規劃與製作也有嚴格要求，因此，北醫大每一門磨課師課程的背後，都有重要的技術團隊支援。」

這個技術團隊，就是北醫大資訊處教學科技組，負責規劃課程、支援老師錄製教學影片，以及上線維護。不過，能夠成功推廣磨課師，萬序恬認為，還是在於北醫大從校長到老師，各單位都盡力配合並提供協助。

用醫學、教育與科技改變世界

除了老師們踴躍參與開課，在課程開始後，北醫大團隊會搭配議題討論、能力評估問卷、階段能力考試、系列課程總評等，增加學習效能，並透過平台記錄學習者瀏覽次數、參與作業、測驗狀況，分析學習表現，調整評估標準。

「我們希望讓教學和課程都能不斷精進，讓學習者有更多、更好的收穫，這才是數位學習最可貴之處，」萬序恬說，未來北醫大會針對全球重要醫療議題或需求，增加更多國際化課程，強化國際學術交流，擴展北醫大的醫學教育影響力。目前，北醫大營養學系便已和日本東北大學合作，結合當地農業和農產特性，共同開發以營養與農業為主題的磨課師課程，造福全球更多學子。

＊　＊　＊

二〇二一年，陳宥達將親子共讀擴展至推動高齡者閱讀，減緩老人失智問題；同時，他計劃導入語音環境分析系統（Language ENvironment Analysis System, LENA system），透過穿戴裝置及大數據分析，提供民眾更精準且客製化的閱讀建議，也讓更多人了解閱讀的影響力，再次成為「KEEP WALKING 夢想資助計畫」得主。

從台灣偏鄉的親子共讀、繁星小醫師到遍布全世界的磨課師，從平面到數位化科技應用，學習的媒介變得多元，教育也正一步步跨出校園，從兒童、青年到老年，幫助了全球千千萬萬的孩童、學生、成人與家庭，為資源匱乏的人們創造人生的全新可能。

10

抵達終點比贏在起跑點更重要

彭漣漪——文

贏在起跑點未必能夠奔向終點。
人生是一連串選擇的過程，
透過服務學習找到志向，
有助掌握選擇的智慧，
朝向有價值的終點移動。

二〇二〇年八月，教育部部長潘文忠在媒體報導中談到，有二七%的大學生在學時後悔所選科系與興趣背道而馳，甚至，大學念完了，依然相當後悔。

從服務中學習自我認知

年輕的生命掌握許多選擇的機會，每個交叉點的選擇，可能都是改變人生的關鍵。不過，現代的學生在做出選擇之前，有更多機會了解未來，「服務學習」與「數位學習」也在這樣的氛圍下誕生，近年來成為一種校園顯學，幫助學生找到自己的志向所在，不僅贏在起跑點，更能夠堅持抵達終點。

服務學習透過「從做中學」的方式，一方面讓學生運用課堂中所學貢獻社區，另一方面則是希望透過服務過程啟發學生，涵養學生對人的關懷，甚至反思自己未來要走的路，讓服務與被服務的人同樣受惠。

從做中學，立意雖佳，但受限於時間，服務學習帶來的影響，往往只能如煙火般發生在當下，難以顧及深度與續航力。

學生成為改變的動力

有沒有突破現狀的方法？在北醫人，學生成為改變的動力，兩個歷史悠久的服務性社團，發展出創新服務模式。

其一是北醫大「楓杏醫學青年服務團」，底下包含三大服務隊：楓杏社會醫療暨醫學知識推廣服務隊、楓杏醫學營、楓杏海外史瓦帝尼醫療服務隊；其二是以學生為主的「綠十字醫療服務隊」，每年寒、暑假固定巡迴雲林四大沿海鄉鎮，以義診、家庭訪視與國小衛教宣導三大主軸，照顧當地居民健康，並且建立健康狀況追蹤表單，使關懷不斷線。

重新認識自己的家鄉

北醫大牙醫學系大五學生歐澤謙，大三時擔任楓杏社會醫療暨醫學知識推廣服務隊的隊長，在服務學習的歷程中，除了更深入了解民眾需求，也對家鄉有了不一樣的認知。

楓杏醫學青年服務團服務的基地之一遠在澎湖，每年暑假總會舉行動員上百位學生與專業醫護人員的超大型醫療服務活動，後來為了永續發展，還衍生出「天人菊計畫」（天人菊是澎湖的縣花），篩選有常態性照顧需求的三、四十個長者個案，派遣學生及醫護人員以約每兩個月一次的頻率飛往澎湖，結合當地資源，服務有慢性病需求的高關懷居民。自二〇一三年推動至今，已邁入第九個年頭。

「如果一年只去一次，是很難追蹤的，」身為澎湖人的歐澤謙在參與營隊服務後發現，原來家鄉有那麼多需要持續關懷的長者。

他曾經負責照顧一位罹患慢性病的獨居阿嬤，不太能夠咬食，而且他觀察到，阿嬤家桌上的食物不是很新鮮，藥袋還是很久以前醫生開的……

阿嬤顯然渴望有人關心，但他第一次服務阿嬤時，彼此都很陌生，阿嬤也不太講話……

還好，隨著天人菊計畫每兩個月前往澎湖一次，能較有效追蹤長者情況，等到歐澤謙第三次、第四次見到阿嬤，阿嬤的態度變了，把他當孫子一樣招呼。儘管阿嬤連話都講不清楚，但他深切感受到阿嬤的變化。

不僅如此，歐澤謙也是到此時才意識到，澎湖的醫療資源沒有想像中普及，而是集中在馬公市區，偏遠地區取得不易。

深耕在地，發掘問題的源頭

「要讓慢性醫療需求的服務在地化，必須結合當地資源，否則很難達成永續效果，」楓杏醫學青年服務團指導老師邱聖博說。

歐澤謙參與天人菊計畫後，重新認識了自己的家鄉：「過去，我以為澎湖匱乏的是急重症醫療資源，不曾想過慢性病醫療照護也有需求。」

個案之一，是位五十多歲的男性。他原本是家中經濟支柱，因工作受傷癱瘓，長年臥床、插管，傷口必須經常清理，連吃藥、吃飯都有問題，但診所離家很遠，家人又無法待在身邊照顧，狀況非常辛苦。後來，天人菊計畫團隊便試著轉介給當地的社會服務團體，並聯絡社會局、衛生所等機構，提供他需要的幫助。

使服務在地化

自從加入社團後，歐澤謙幾乎不是在上課讀書，就是投入天人菊計畫，一天至少三、四小時，「我們希望有更多人看到這樣的需求，一起加入，」他強調照顧服務在地化的重要，也強調這是天人菊計畫努力的方向。

因此，天人菊計畫也招募馬公高中的學生參與，在北醫大大哥哥、大姊姊及醫護人員的協助下，為家鄉長者盡自己一份心力。

二〇二一年成為北醫大新鮮人的陳育忻，便是在參與北醫大的醫療服務活動後，萌生進入北醫大就讀的想法，後來也如願進入他的第一志願護理系。

在小三升小四的暑假，陳育忻在楓杏的活動中第一次學習心肺復甦術（CPR）：「北醫的醫療服務活動很酷，可以救人，覺得很神聖。」那次之後，楓杏在澎湖舉行的活動他幾乎無役不與，後來就讀馬公高中時，也參與了天人菊計畫。

「天人菊計畫的運作很有系統，活動前，會集合馬公高中學生，由北醫大學長姊及醫護人員進行行前訓練，說明每位高關懷長者個案的情形，提醒家訪問的小技巧，並指派工作，馬高學生負責量血壓、測血糖等，」陳育忻分享，「我本來以為自己只是個高中生，沒有專業醫療知識，不能做什麼，結果不僅被分派了小任務，還可以實際對長者付出關心，覺得很有意義。」

改寫生涯藍圖

執行天人菊計畫的服務隊通常由十二位北醫大學生組成，多半是楓杏醫學營的幹部，他們每一、兩週聚會一次，檢視工作進度和訪視計畫、聯繫外圍近二十位醫護志工、盤點物資籌備等。

至於醫護志工人員，則過半是北醫人，「即使有些人已經畢業五年、十年，只要天人菊計畫與他們聯絡，這些忙碌的醫護人員都很願意撥出時間，遠赴澎湖貢獻專業，」邱聖博說。

這種精神也感動了年輕世代，讓他們對自己的未來有了不一樣的想像。

二〇二〇年升大六的北醫大醫學系學生苗繼元，他在高一升高二那年暑假參加了楓杏的醫學營隊。

當時，他首次見識到大體老師奉獻自己的肉體，教育醫學系學生，讓他十分感動，而且他還發現，帶隊的北醫大學長姊「很活潑、不是書呆子」，改變了他對醫學生的刻板印象，後來便決定進入北醫大就讀，並且從大一開始就加入楓杏醫學青年服務團，大三接下隊長的職務，不管功課多繁忙，依然持續參加天人菊計畫的活動。

「跟阿公、阿嬤聊久了，就像朋友一樣，」苗繼元說，多去幾次之後，阿公阿嬤一句「喔，我還記得你」的回應，讓他備受鼓舞，更想主動出擊，到長輩家中近距離了解他們的生活大小事，「那是很難得的經驗，不像待在醫院被動等待病患前來。」

熱情的心要從小培養

除了年長者，北醫大也創造與當地國小孩童的連結，例如，暑假期間，透過許多專門針對澎湖當地小學生的活動，希望引發小學生對科學、醫學的興趣，深化他們對醫療的認知並及早建立正確觀念。

「活動開放給全澎湖的小學生，目前每次有一百二十位小朋友參加，除了團體活動課程，像是『細菌培養及史萊姆製作』這類動手做的課程也很賣座，」長年負責當地主辦工作的澎湖中正國小校長林宗彥笑稱，「每年都會接到關說電話，希望能參加暑假營隊。」

尤其，屢屢令林宗彥深受感動的時刻，是每次參加北醫人在澎湖舉行的授服典禮。

「我想的是很實際的問題，這樣炎熱的暑假，這群醫學生是抱持什麼樣的心情願意到澎湖來？」林宗彥感佩地說，醫療服務隊不是只有「走出舒適圈」這麼簡單，而是自我突破與團體協力、整合的過程。

平衡理想與現實，也是一種學習

目前，天人菊計畫固定每個學期出隊到澎湖兩次（三月、五月、十月、十二月），星期五出發、星期天回台灣，暑假則還有一次大型服務活動。而這些數字，是前人摸索出來的最佳期程。

「一學期只去澎湖兩次會不會太少？可不可以多去幾次？」或許有人會這樣問，但是，「經費在哪裡？學生在哪裡？台北和澎湖距離很遠，簡直是不可能的任務！」邱聖博直言不諱。

其實，天人菊計畫不是未曾挑戰增加頻率。

曾經某一年是這麼運作的：家長開車、學校老師帶隊，帶著兩到四位馬公高中的志工學生前往澎湖偏鄉，每一、兩個星期就去訪視一次高關懷長者，過程中如果有專業的醫療需求，可以跟醫生視訊。

然而，「頻率太高，常遇到學生要考試，時間很難安排，試行一年就放棄，」邱聖博感嘆，「後來變成每兩個月去一次，是妥協後的結果。」

不過，歐澤謙說：「我們沒有放棄天人菊深耕計畫，例如：北醫附醫有遠距醫療設備，或許可以讓澎湖的高關懷長者用科技配備連上線，以便更深入追蹤，讓醫療照顧在地化、高頻化，提供高關懷個案更好的照顧，將是天人菊計畫努力的方向。」

多元模式，永續醫療

不同型態的醫療服務各有自己的功能，譬如，一年一次性的大型義診，為澎湖當地居地提供不錯的額外醫療關懷，檢查身體有無異常狀況；多頻率的常態型家庭訪問，則可以為移動有困難、有慢性健康問題的居民，提供定期的醫療照護。

北醫大綠十字醫療服務隊經營永續醫療服務的方法，便是每年寒、暑假輪流前往雲林沿海的四個鄉鎮——台西、口湖、四湖及水林，一次去一個鄉鎮，也就是固定每兩年可以巡迴服務一次，和當地居民能建立足夠的信任關係。

隨著經驗累積，綠十字醫療服務隊的運作模式逐漸系統化，譬如，服務隊分為五組，學生是以進階式參與，先從最基礎的家訪組開始，再依專業分工，進入實診組、藥局組、牙診組，最後才能進入診療組，而各組也會依實際情況再分工。

以二〇二一年寒假的活動為例，服務隊前往口湖鄉，共有一百一十位學生、二十位醫師，服務約一百五十戶人家，其中四天家庭訪問（家訪分八組隊伍進行，每組三至五人，覆蓋全村）、三天義診，還有兩天到金湖國小進行衛教。其中，義診涵蓋多個科別，包括：心臟內科、神經內科、家醫科、皮膚科、眼科、胸腔內科等，尤其受到當地民眾歡迎。

看診地點學問大

義診地點通常選在廟口或里民活動中心，除了場地夠大，這裡也往往是在地民眾容易到達又熟悉的場域，避免可能有人因陌生而心生排斥。時間從早上九點到晚上六點，現場擺設四、五張長型桌子，一桌配置三位隊員，通常會有一位大五學長姊或醫師同桌坐鎮，居民問診大約花一小時，做儀器檢查一小時，輪值醫師不定時到每一桌巡視察看，學生隊員等居民問診離開後，會去諮詢學長姊及醫師，學員事後還要練習寫病歷，充實臨場經驗也有助學習。

綠十字醫療服務隊有專業的醫護人員，也有受過基本訓練的醫護學系學生，同樣能有實質貢獻，也更體認到自己所作所為的意義。

北醫大醫學系五年級學生，大一就加入綠十字醫療服務隊、四年級時接下隊長重責的嚴怡婷談到：「有次義診站來了一位五十多歲的阿伯，他平常喝酒又抽菸，義診站幫他做心電圖，發現他有急性心肌梗塞的初期症狀，現場直接叫來救護車，送阿伯到鄰近的麥寮長庚醫院，避免了一場悲劇……」這次的經驗雖然不是嚴怡婷親身經歷，卻令他留下深刻印象。

感受義診的重要

另一個例子，是罹患肺癌、子宮頸癌及乳癌的阿嬤，近年一直感覺胸悶，懷疑自己有心臟方面的毛病，於是前往綠十字醫療服務隊義診現場求助。經過服務隊人員詢問阿嬤的用藥習慣、生活習慣，幫阿嬤做心電圖、肺功能等檢查，現場心臟內科醫師仔細看了他的檢查結果，初步排除心衰竭問題，阿嬤轉眼就從神情緊繃到笑逐顏開，安心離去。

無論是生死攸關或是虛驚一場，都讓嚴怡婷留下深刻印象，更體會到義診的重要。

在實務中成長

事實上，整體而言，綠十字醫療服務隊的運作採取從做中學的方式，學術副隊長賴昭穎便有一段親身經歷。

一位九十多歲的阿嬤，身體大致健康，沒有三高問題，但曾在五年前跌倒，髖骨出現問題，導致行走不便。經過復健科醫師判讀，找到問題根源：阿嬤跌倒後，髖骨受傷，卻未經治療而是讓骨頭自然復原，結果骨頭可能長歪了，造成他無法自在行走。

賴昭穎和幾位志工學生在現場跟阿嬤聊了一個多小時，阿嬤最後開心離開了。事後，學長姊再提醒，阿嬤剛才陳述的狀況，還有哪些背景情形要思考、要排除哪些問題，下次碰到同樣的狀況要如何應對處理。

經過家訪、實診程序，賴昭穎前一次出隊時，進階到診療組：「我終於要面對真正的病人，能夠實際操作，但我不必擔心出錯，因為現場有醫療服務隊學長姊及醫師把關。」當過實診組組長的他，相信服務隊循序漸進的訓練及運作，正可以帶領像他這樣的學員能夠一直成長。

想照顧他人，先學會做好準備

有了在義診現場的實戰經驗，賴昭穎大三做實診時，已可操作心電圖，回到學校則會和同學及隊友討論，用個案訓練自己思考流程的正確度，然後教給學弟妹，「這是傳承，學長姊教我們，我們也要教學弟妹。」除此之外，在活動中，也學習到預先規劃的重要。

綠十字醫療服務隊行前會記錄重點家戶，規劃好路線，讓學弟妹先熟悉路線，在出發的前兩、三天進行總複習，包括：現場動線安排、怎麼排班、如何與長者互動或進行小朋友的衛教活動等，都要演練四、五次。

還有一項必不能少的工作，就是服務隊會事先跟村長溝通，請村長向村民廣播通告，隊員也會穿著衛生所的背心，增加辨識度，免得被當成「詐騙集團」。

當然，這些事前的準備必須耗費許多心力。除了上課受訓，還有許多雜事，例如：器材維護、耗材補充、做衛教道具等。一般隊員一學期大概要花五十多個小時，幹部時間再加一倍。

學習用對方懂得的方式溝通

北醫大將綠十字醫療服務隊要學習的內容，寫得清清楚楚：

第一，學期間，學習與高血壓、糖尿病、白內障、痛風、口腔清潔等相關知識，於出隊期間，實際走訪雲林當地家戶，起初由具有經驗的學長姊示範與帶領，之後學會將衛教知識內容活用於對話中。

第二，在學期間練習國小衛教劇、講解衛教海報，將衛教知識用淺顯易懂的句子，配合互動性的戲劇與遊戲，傳達給雲林當地的國小學童。

賴昭穎細數：「正式出隊前，資淺的隊員要上十二至三十個小時的訓練課程，例如，對國小學生的衛教說詞，新隊員要對著大家演練多次，甚至會讓隊員扮演阿公阿嬤，模擬家訪現場，讓新隊員練習怎麼跟老人家對話。一個學期有上百位隊員要受訓，其中大概有四十個人是第一次出隊。」

體會付出的感動

儘管明知要花費許多心力，但賴昭穎說，有個阿嬤感覺很喜歡他，會抓著他問：「你什麼時候會再來？」居民感恩的溫暖回應，讓他和其他綠十字醫療服務隊成員即使課業或醫療工作繁忙，仍願意撥出時間投入。

「印象最深的是第一次出隊，我是個都市小孩，很少到鄉下，第一次進行大隊家訪，我只能給長者一些簡單的衛教觀念，但學長姊成熟又專業，讓我很崇拜，」嚴怡婷說，他平常很少跟長者聊天，剛開始很緊張，而第一個家訪的阿嬤，聊著聊著說出家裡的傷心事，他兒子在當兵時去世……，氣氛一時很沉重，現場三個家訪的學生有點不知所措，但仍鎮靜下來陪著阿嬤聊天，結果當他們要離開的時候，阿嬤還過來抱了抱他，表達他喜歡學生們來家訪。

讓賴昭穎印象最深的也是第一次出隊，第一次家訪很有成就感，他在家裡常跟阿公阿嬤聊天，所以聊天對他來說並不困難，難的是要和陌生長者破冰，因為不少長者都表達他們很忙，不是很熱情。賴昭穎學會不少破冰的技巧，例如他會這麼開場：「阿嬤，你怎麼保養的，看起來這麼年輕？」通常，阿嬤聽到這句話便會馬上開心起來，一旦聊開，有時動輒就是兩、三個小時。

「要先彼此熟悉一下，再進行衛教，效果比較好，」賴昭穎說明，家訪時花這麼多時間，雖然大半跟醫療無關，但為了讓居民接納，還是有必要。

用真心贏得在地民眾信任

參加綠十字醫療服務隊的學生，由於專業上還在學習階段，需要花更多心思。「要讓長者相信我們，願意接受我們的衛教觀念，得多花點力氣，畢竟我們還不是執業的醫師，如何取得長者的信任很重要，」嚴怡婷說明，這時除了自己平時的學習，學長姊制度就很重要，服務隊會配置資深和資淺的人員在同一組，學長姊可以適時補位，事後再分享。

即便是對小學生衛教也需要信任感。嚴怡婷表示，服務隊到國小做衛教，常常是回到同一個學校，有一次他就碰到一個小弟弟，手中拿著一張照片，問他說：「照片裡的這個姊姊，這次有來嗎？」證明服務隊寒、暑假固定出隊模式，確實建立起當地人的好印象。

服務活動以一定頻率出隊，以專業、熱忱及承諾贏得居民的信任，是永續經營的不二法門。無論是澎湖天人菊計畫，或是綠十字醫療服務隊，服務都做出口碑，澎湖及雲林居民長期下來熟悉北醫大的服務內容，建立一定的信任感，讓醫療服務活動成效更好。

北醫大的醫療服務隊，成員們在忙碌工作及課業中撥出寶貴的時間，長途奔波到需要他們的地方，住廟裡的香客大樓，擠一晚一百元的大通鋪，吃半冷的便當，投入心力，都是辛苦的過程。然而，能及時發現可能致命的心肌梗塞，可以陪伴一個孤獨的阿伯或安撫一個憂心的阿嬤，這些付出就都值得了。

結語

你的雙手決定你的命運

陳慧玲——文

全球化的世界存在許多「共業」，
環境浩劫、貧富差距、氣候變遷……
教育是一種責任，是推動改變的機制，
促使人們懷抱更廣闊的世界觀、思索永續的可能，
為自己與他人共創美好新未來。

二〇二一年七月，在英國溫布頓網球公開賽會場上，全場觀眾起立歡呼，但接受歡呼的對象，不是場上的網球明星，而是兩位來自英國牛津大學的教授。

這兩位教授在短短一年時間內，研發出全球最多國家施打的新冠肺炎疫苗，更在困難重重的學術研究與商業利益折衝過程中，取得了讓全球人類共同受惠的最大利益——窮困國家也負擔得起的疫苗。

從牛津大學鼓勵研究、孵化成立疫苗新創公司，到兩位教授與病毒賽跑比快的開發速度，外界不僅看到了科學的突破、商業的創新，以及追求全人類健

康福祉的堅持，更看到大學教育機構與學術研究者發揮足以改變世界的巨大影響力。

一流大學機構的自我期許

全球大學機構自我期許提升的目標，在過去二十年有極大的轉變，不再只是學術象牙塔內的自我砥礪成就，而是帶著知識、創新、理念、熱情，以及更開闊的格局，走出高塔、跨越藩籬、擁抱人群，進而揮灑出讓人驚嘆的創造力與影響力。

長期以來，推動北醫大從研究型大學轉型成為創新型大學，林建煌談起轉型規劃，沒有華麗的詞藻，只有化繁為簡的精準定位：影響力。

「大學機構是社會公器，我們的責任就是要創造更大的影響力，從社會影響力到經濟影響力，不只是學校所在的區域、國家，更包含我們共生共存的整體世界。」

但，站在科學研究的前沿臨眺遠方，會看到什麼樣的世界？臨床醫療的快速推進發展，會走向什麼樣的目的地？在百年樹人的教育志業中，又該如何幫助下一代與未來對話？這或許是許多人看到當前世界面臨的種種挑戰時，忍不住想了解的問題。

曾經擔任北醫大董事長、現任北醫大董事的李祖德說：「教育就是要回到社會責任、永續發展來思考。」一句話，明確串起大學機構在永續發展中應該扮演的角色。李祖德認為，教育事業就是對社會的付出與奉獻：「教育要永續，就要創造資源、要做對社會有意義的事，從利他的角度出發，去回應這個世界最後一哩路的需求。」

永續影響力之路將愈走愈精采

回顧過去多年來，北醫大的永續發展之路走得精采，從實驗桌、病床到產業的前沿科學研究與創新創業，從非洲、東南亞、南亞到台灣離島偏鄉的醫療服務扶助，從熟齡銀髮、跨越年齡與國籍限制的學子到原住民耆老與孩童的教育與人文服務……

歷經過去多年的累積，北醫大的永續已然不只是一個單純的信念，在許多北醫大自身的發展策略，以及號召發動的行動計畫與社團組織中，貫穿其中的是四個重要的永續發展元素：世界觀、行動力、人文心、未來願。

懷抱著更廣闊的世界觀，就能發揮更深遠的永續影響力，如同林建煌談到北醫大承辦的台灣國際醫療團工作，這絕不是一個能盈利的項目，卻是台灣以多年累積的高品質醫療服務，回饋承擔身為世界公民的責任使命。在看似為他人奉獻的過程中，醫療團成員與醫療服務工作隊學生的收穫卻更為豐碩。

又或者，像是北醫大在網路教育平台上發展的全英文磨課師課程，一堂樂齡物聯網課程，就吸引四千位來自全球各地學生報名修習。過去，一位講師一學期也許只能教四十位學生；現在，一學期能有超過四千位學生參與分享知識交流。教學模式的改變，讓一位優秀的老師能夠發揮的影響力更為廣博了。

坐而言不如起而行的行動力，是讓永續影響力真正開花結果的重要關鍵。學術研究不只是發表論文比分數，更可以是透過持續累積的研究結果，轉化成為改變世界與社會的實際行動，從強制騎機車戴安全帽立法，到成功改變世衛對多重抗藥性結核病治療評估的定義，讓更多結核病患者得到需要的照顧。

行動力是實現永續影響力的關鍵，每一個永續指標背後，都應該要有持續不斷的行動支持，而在北醫大體系，就是如此。

為未來世界留下多一份美好

對人的關懷，延伸到對土地、文化、信仰、價值的尊重，在北醫大的教育養成與組織培訓中，「人文」一直都占有非常大的比重。李祖德說：「北醫大可能是第一個開設人文學院的醫學院，因為我相信，沒有人文的醫學生只是醫匠，有人文才是醫師。」

因此，當原住民傳統飲食文化隨著現代加工食品影響而改變，對原住民族來說，失落的不只是農作傳統與對健康的影響，更是文化的消失，北醫大師生協力參與的「小米方舟」計畫，就是一場原住民族的文化復興，包含維護珍貴傳統永續發展的用心。

同樣的用心，也出現在為許多人津津樂道的「青銀共居」計畫中，如此具有創意的模式，不只是房東與房客的關係，也不單單只是可能用來因應未來高齡化社會的方法，其中還有更多人與人之間無可取代的溫暖與互動。

在眺望未來的同時，每個人眼中期待看到的世界或許都不相同，但如果每個人都有一份小小的願力，希望能夠為未來的世界留下多一份美好，就可能產生更大的力量。在寸土寸金的都市精華地段，願意為城市留下一片綠意，用心規劃打造綠建築，一所沒有國家資源支持的私立大學，北醫大對未來許下綠色環保永續願力，與所有師生與訪客的日常共生共存。

二〇一二年，烏拉圭前總統穆希卡（Jose Mujica）在聯合國永續發展大會的演講中提到：「人們被迫賣命工作，只為了維繫這個『用完即丟』的社會，致使我們處在惡性循環當中。」而對這世界的不完美，有些人選擇隨波逐流，但也有人願意捲起袖子、用自己的雙手做出改變。

愈多人願意成為改變的一份子，這世界愈可能有所不同，而即將邁向創新型大學的北醫大，正努力牽起更多熱情的雙手，共同為世界永續發展創造更大的影響力。

醫學人文 BMP019

與世界一起變好
北醫大實踐 SDGs 的故事

國家圖書館出版品預行編目(CIP)資料

與世界一起變好：北醫大實踐SDGs的故事/陳慧玲, 林惠君, 邵冰如, 彭漣漪作. -- 初版. -- 臺北市：遠見天下文化出版股份有限公司, 2021.10
面； 公分. -- (醫學人文；BMP019)
ISBN 978-986-525-332-5(平裝)

1.臺北醫學大學 2.永續發展

525.833/101 110016321

作者 — 陳慧玲、林惠君、邵冰如、彭漣漪

客座總編輯 — 林建煌
專案總策劃 — 朱娟秀
專案執行策劃 — 湯雅雯
企劃出版部總編輯 — 李桂芬
主編 — 羅玳珊
責任編輯 — 李美貞（特約）
美術設計 — 周家瑤（特約）
圖片提供 — 臺北醫學大學（P10-11、28-29、60-61、80-81、98-99、118-119、140-141、164-165、184-185、204-205）、Shutterstock（P224-225）

出版者 — 遠見天下文化出版股份有限公司
創辦人 — 高希均、王力行
遠見・天下文化・事業群 董事長 — 高希均
事業群發行人／CEO — 王力行
天下文化社長 — 林天來
天下文化總經理 — 林芳燕
國際事務開發部兼版權中心總監 — 潘欣
法律顧問 — 理律法律事務所陳長文律師
著作權顧問 — 魏啟翔律師
社址 — 台北市 104 松江路 93 巷 1 號
讀者服務專線 —（02）2662-0012 ｜傳真 —（02）2662-0007；2662-0009
電子郵件信箱 — cwpc@cwgv.com.tw
直接郵撥帳號 — 1326703-6 號 遠見天下文化出版股份有限公司

電腦排版 — 立全電腦印前排版有限公司
製版廠 — 中原造像股份有限公司
印刷廠 — 中原造像股份有限公司
裝訂廠 — 中原造像股份有限公司
登記證 — 局版台業字第 2517 號
總經銷 — 大和書報圖書股份有限公司 電話／ (02)8990-2588
出版日期 — 2021 年 10 月 8 日第一版第一次印行

定價 — NT450 元
ISBN — 978-986-525-332-5
書號 — BMP019
天下文化官網 — bookzone.cwgv.com.tw